The Rise of New Brokerage and Reconstruction of
Real Estate Value Chain

巴曙松 杨现领 著

新中介的崛起与
房地产价值链的重构

The Rise of New Brokerage and Reconstruction of
Real Estate Value Chain

厦门大学出版社
XIAMEN UNIVERSITY PRESS
国家一级出版社
全国百佳图书出版单位

图书在版编目(CIP)数据

新中介的崛起与房地产价值链的重构/巴曙松,杨现领著. —厦门:厦门大学出版社,
2017.1(2017.9 重印)

ISBN 978-7-5615-6290-1

Ⅰ.①新…　Ⅱ.①巴…②杨…　Ⅲ.①房地产市场-市场中介组织-研究-中国

Ⅳ.①F299.233.55

中国版本图书馆 CIP 数据核字(2016)第 271084 号

出 版 人	蒋东明
策　　划	宋文艳
责任编辑	宋文艳　吴兴友
责任校对	杨木梅
装帧设计	李夏凌
责任印制	朱　楷

出版发行 厦门大学出版社

社　　址	厦门市软件园二期望海路 39 号
邮政编码	361008
总 编 办	0592-2182177　0592-2181406(传真)
营销中心	0592-2184458　0592-2181365
网　　址	http://www.xmupress.com
邮　　箱	xmupress@126.com
印　　刷	厦门集大印刷厂

开本	787mm×1092mm　1/16
印张	16.5
插页	3
字数	236 千字
印数	6 001~9 000 册
版次	2017 年 1 月第 1 版
印次	2017 年 9 月第 2 次印刷
定价	43.00 元

厦门大学出版社
微信二维码

厦门大学出版社
微博二维码

序言　重新定义中介

当前,中国房地产业正处于变革的历史转折点。房屋供需总体趋于平衡,供给短缺的时代已经过去,中国住宅市场正从增量开发向存量流通过渡。2016 年全国已经有十几个城市的二手房交易额超过新房,其中北京、上海和深圳二手房交易额分别是新房交易额的 2～3 倍,这意味着一线城市已经进入二手房主导的阶段。杭州、南京、苏州等二线城市的二手房成交比重也在迅速提升。随着城市化率和换手率的提高,未来将有更多的城市进入存量房时代。

在这个时代,中介行业作为存量房流通市场的重要组成部分,它的规范与发展对促进房屋的高效流通发挥着重要作用。从理论上讲,流通率的高低不仅决定着存量房市场的房屋供给,也直接影响着住房需求的升级,最终影响到房屋资源的有效配置。流通的本质即在于供给与需求之间的匹配,匹配的效率根本上决定了供求双方的效用。原则上,如果市场足够有效,每一次房屋流通都代表着房屋消费的帕累托改进。从这些角度看,中介的作用不言而喻。近年来,中介在二手房交易和流通中的渗透率不断提高,北京和上海已接近90%。未来,随着行业的不断规范和服务能力的提升,中介在二手房流通中的地位和作用将愈发突出。

更为重要的是,今天中介的含义已经发生了根本性的变化:第一,二手房中介与新房代理之间的界限不断模糊,一二手联动效应日益突出。第二,中介与金融之间的链接日益紧密,流通性金融的发展让房屋资产与现金流之间建立更有效的链接,让房屋的所有权实现更顺畅的流通。第三,中介成为房地产调控政策的一个重要传导渠道。第四,中介行业的参与者日益多元化,如开发商、代理公司、互联网公司、金融机构等加入经纪行业的阵营,这种复杂和多元的行业格局在全球范围内都未曾出现过。从这个意义上说,中介行业的规范与健康发展不仅关乎房屋买卖双方的利益,也直接关乎房地产市场的健康发展。

然而,中介行业的混乱也可以说是所有服务业中最明显的细分行业之一。中介虽有长期的过去,但只有短暂的历史。很多年以前,中介就已经在人们的房屋交易中发挥一定的作用,但时至今日,房地产中介行业作为一个整体仍然没有形成相对成熟的基本规范和基本规则,没有建立科学的理论体系,也缺少基本的行业底层规则。从经纪人的角度看,其从业年限短,流失率高,缺乏归属感和安全感等,这是普遍存在的问题。

因此,无论从房地产业转型发展还是中介行业自身健康发展的角度,"新中介"的崛起是未来5～10年的一个行业使命。"新中介"的崛起至少有五个标志:第一,二手房流通率的上升,能够达到发达国家的可比水平。第二,一大批职业化经纪人的形成。经纪人收入随年限积累而增加,形成一套经纪人的行为规范、销售语言、道德底线和从业伦理,经纪人的归属感和幸福感增强,经纪人的学习教材不断完善。第三,出现一批在存量房领域经营的综合类或垂直类上市公司。第四,学界的广泛关注,行业的底层法律和法规逐步到位,行业的理论体系逐步形成。第五,用户体验得到显著的改进,对中介服务的满意度显著提升。

当然,"新中介"的崛起并不能自我实现。通过研究对比美国、日本、英国、澳大利亚,以及中国香港、中国台湾地区经纪行业的发展历程,总结不同国家或地区的成功经验与不足,并结合中国的行业发展现状,我们提出规范、健康的经纪行业的六大关键支柱:

一是信息的生产、分发与匹配支柱。推行书面委托,认可和鼓励独家委托,对传播虚假信息的中介实施"黑名单"制度和严格的惩罚,这是行业走向规范的起点。

二是交易制度支柱。强制实施产权核验和资金监管,保障交易安全和消费者权益,这是实现交易安全的核心。

三是流通性金融支柱。对于平滑交易的短期资金周转类金融创新应给予明确的区分和支持,这是解决客户交易环节资金痛点的关键。

四是移动互联网支柱。重塑房屋交易的流程,打破传统经纪行业的成本结构,实现规模效应与网络效应的统一,这是未来房地产经纪行业最重要的基础设施。

五是行业监管体系支柱。实行政府管理与行业自律并行的管理机制,更好地发挥行业协会的作用,这是经纪行业规范与发展的底层支撑。

六是职业化的经纪人队伍支柱。引入经纪人准入机制,建立经纪人行为规范和从业伦理等执业规则,促进经纪人专业化、职业化发展,这是经纪行业规范的核心支柱。

面对行业发展的历史机遇,审视经纪行业的现状和未来,打造规范健康的经纪行业是所有行业参与者需要承担的使命。作为研究人员,我和杨现领博士有幸观察和见证了这个行业的发展与成熟,并尽可能地对这个过程进行系统的梳理和总结,且在某种程度上进行理论上的尝试性探讨。未来也期望学界有更多的学者参与到这个行业的研究中来,从而引发更多的思考、带来更多的变化,逐步把行业导向更健康的未来。

巴曙松

2016 年 10 月 1 日

目 录

第一章

六大支柱

• 今天，经纪的内涵已经发生了显著变化。当我们谈及行业的规范时，它不仅是经纪公司的规范，也将是一个包含多元参与者的系统工程，传统意义上的、单纯的、以经纪业务为主的规范逻辑已经无法适应行业变化。

• 为此，我们提出经纪行业走向未来的"六大支柱"：信息的生产、分发与匹配，交易制度，流通性金融，移动互联网，行业监管体系，职业化的经纪人，这六大元素叠加在一起，将成为驱动行业走向规范和发展的关键力量。

从现状看,中国的经纪行业仍然处于相对无序的状态。全国层面的二手房流通率只有 2% 左右,与发达国家相差甚远;居间模式下低佣金率、恶性竞争、重复产能建设和经纪人的高流失率依然是困扰行业的几大难题。从未来的趋势看,移动互联网正在大行其道,并以极快的速度改变着人们的生活方式,用户体验已经得到极大的改进。只有房屋领域,互联网的冲击和影响尚停留在相对初级的层面,甚至信息不对称的程度也未能降低,这样看,我们距离真正的未来仍然很遥远。

那么,我们该如何从现在走向未来、从无序走向规范,实现"新中介"的崛起呢?

一、行业的现状与问题:几个衡量指标

评估一个国家经纪行业的发展水平,除了直观的"黑白印象"之外,那些可用于横向比较和纵向比较的指标能够揭示和还原更多的真相,这些指标通常包括三类:其一是总量类指标,最重要的有三个,即流通率、经纪渗透率、佣金率,这三个指标综合在一起决定了一个国家经纪行业的"大蛋糕";其二是分配类指标,主要有行业集中度、数量规模和相对收入水平、分成率等,它们决定了收入在公司和经纪人之间的分配;其三是效率类指标,人均单量、人均产能、单店产能等比较常用。通过这三类指标,我们既可以评估中国经纪历史的现状和问题,也能通过跨国比较寻找未来的发展方向。如图1-1、图1-2所示。

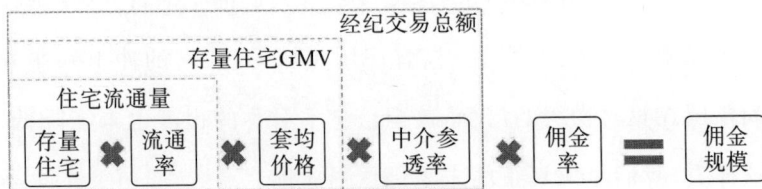

图1-1 行业总量指标的乘数关系

资料来源:链家研究院整理。

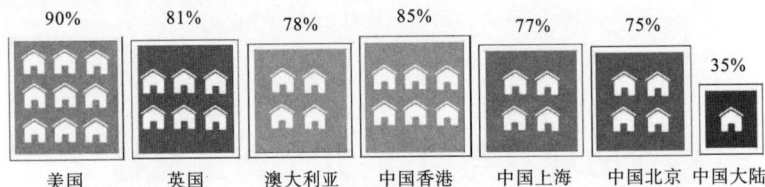

90%	81%	78%	85%	77%	75%	35%
美国	英国	澳大利亚	中国香港	中国上海	中国北京	中国大陆

图1-2 二手房交易 GMV(商品交易总额)占比的国家比较与城市比较

资料来源:链家研究院整理。

(一)流通率

流通率衡量的是市场活跃度,它是决定经纪行业市场空间大小的最直接影响因素。通过简单对比可以发现:(1)跨国角度,中国相对于成熟市场的流通率仍然处于偏低水平,未来提升的空间巨大。美国流通率历史平均水平超过4％,峰值水平高达6.6％,英国最高也达到5.3％,相比之下,中国2015年的流通率约1.8％(见图1-3)。(2)城市角度,中国不同城市之间的流通率差异与分化十分明显(见图1-4)。粗略统计,2015年大概有10个城市二手房交易额超过新房,其中北京、上海和深圳最为明显,二手房交易额分别是新房交易额的1.5倍、2.4倍、2.5倍。大部分二线城市和几乎所有三线城市仍然处于新房主导的阶段。(3)区域角度,一个城市内部不同区域之间的经纪行业成熟度也存在明显的差别。以北京为例,2015年成交的20万套二手房事实上仅分布在相对成熟的4 000个左右的小区,其中2 400个小区占据了全部成交量的80％,考虑到北京全市1.2万个小

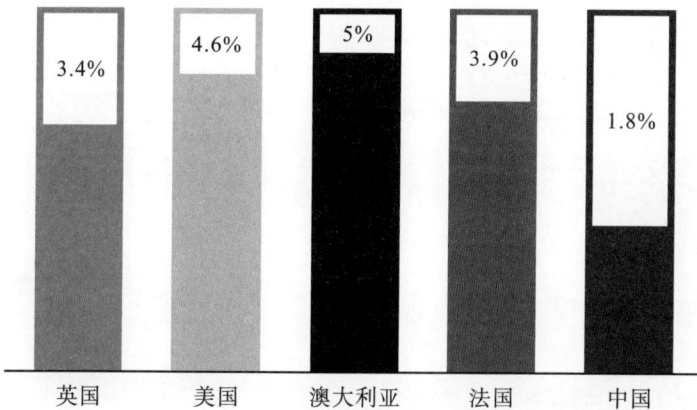

图1-3　二手房市场平均流通率国际比较

资料来源:链家研究院整理。

新中介的崛起与房地产价值链的重构

区,二手房成交分布的"二八规律"十分突出(见图 1-5)。此外,
"城六区"成交占比高达 65％,仅朝阳一个区的成交量占比就达
到 26％(见图 1-6)。

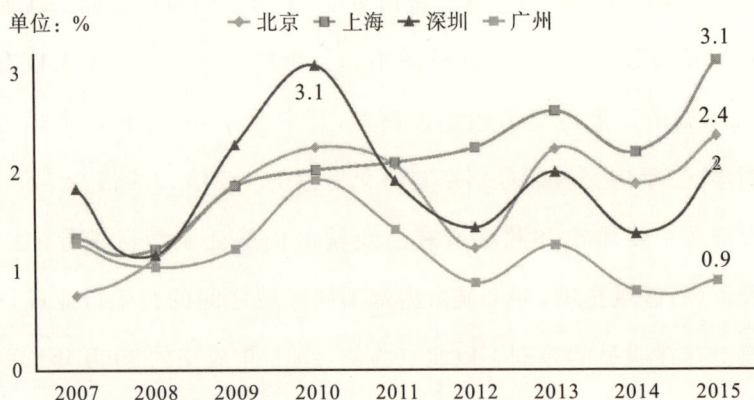

图 1-4 2007—2015 年中国城市流通率比较

资料来源:链家研究院整理。

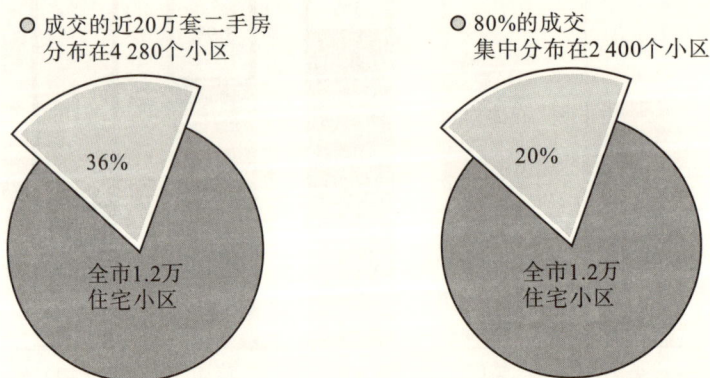

图 1-5 2015 年北京二手房流通率区域分布

资料来源:链家研究院整理。

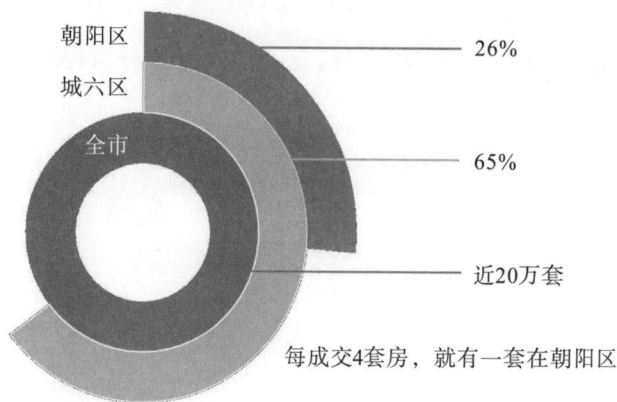

朝阳区 —————— 26%

城六区 —————— 65%

全市 —————— 近20万套

每成交4套房，就有一套在朝阳区

图 1-6　北京市区流通率集中度分布

资料来源：链家研究院整理。

（二）经纪渗透率

在经纪行业成熟的发达国家和地区，特别是在对交易流程具有严格要求的市场中，二手房自行成交已非常少见，美国、日本、英国等国家经纪渗透率均在 90％ 以上。近年来，中国一线城市市场成熟度快速提升，通过经纪公司成交的比例也得到较快提高，但相比主流市场仍有一定的差距。

未来，随着行业规范程度的加大以及经纪服务能力的提升，通过经纪公司成交的比例将有明显提升。今天，一线城市的二手房市场发展相对规范，经纪渗透率已经达到较高水平，并仍在稳步上升。2015 年北京经纪渗透率达到 84％,较 2014 年年初上涨 6 个百分点;上海为 85％,上涨近 5 个百分点(见图 1-7)。

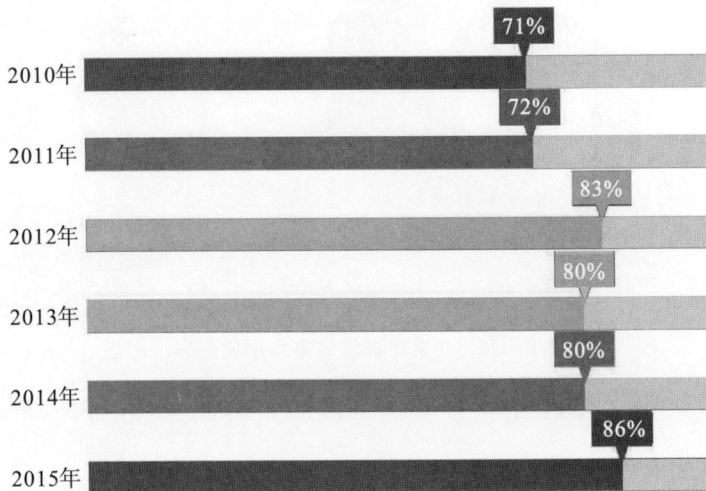

2010 年　71%
2011 年　72%
2012 年　83%
2013 年　80%
2014 年　80%
2015 年　86%

图 1-7　2010—2015 年北京中介渗透率的变化

资料来源:链家研究院整理。

(三)佣金率

佣金率是一个结果,是一系列约束条件自然导致的结果:(1)在其他条件不变的情况下,效率越高,佣金率越低。原则上,未来随着互联网和技术的演进,佣金率应该存在一定程度的下降趋势。(2)劳动力在不同行业之间的转换难度也是一个重要的决定因素。原则上,如果经纪人的准入和退出不存在明显的障碍,那么经纪人的收入水平应该与社会平均收入水平大致趋同,否则就会引发更多的劳动力进入经纪行业,从而加剧竞争,拉低佣金率。(3)房价与佣金率水平存在一定程度的替代关系。在成本既定的条件下,房价越高,佣金率应该越低。例如,美国的佣金率高达6%,是英国佣金率的3倍,但美国的中位数房价只有英国的50%。事实上,6%的佣金率也没能使美国的经纪人保持更高的收入水平,真实的情况是大部分美国经纪人收入处于美国中位水平之下。(4)委托方式对于佣金率的形成机制和佣金率的高低都有显著的影响。跨国对比可发现委托代理模式下的佣金率明显高于居间模式(见图1-8)。

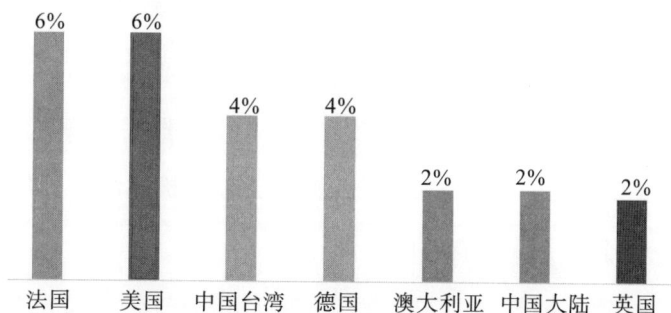

图1-8 二手房交易佣金率国际比较

资料来源:链家研究院整理。

因此,佣金率的决定因素非常复杂,而且不同因素之间的影响方向并不完全一致。某种程度上可以说,佣金率的高低本身并不重要,真正重要的问题是佣金率的变化要与效率的变化相一致,与服务的内容和质量相一致。

新中介的崛起与房地产价值链的重构

总体上，中国的佣金率水平大体在 2% 左右，与其他国家和地区相比，处于较低水平，这既与中国居间模式下的恶性竞争与过剩产能有关，也与行业低准入门槛相关，这种低水平的价格竞争和重复产能是中国经纪行业的两大痼疾。

(四) 分成率

分成率是指在每一单交易收取的佣金中，参与的经纪人之间，以及经纪人与经纪公司之间的收入分配比例。这个指标之所以重要，一方面是因为佣金机制直接决定着经纪人的收入。在经纪行业中，经纪人是公司最核心的资源，而优秀的经纪人更是稀缺的资源。如何吸引并留下他们在很大程度上跟佣金率的高低直接相关。另一方面，是因为佣金分配机制决定着经纪人的行为，会进一步影响用户体验。

美国在 MLS(多重上市服务)和双边委托机制下，分成机制相对简单，经纪人的收入也更可预期。卖方经纪人和买方经纪人各 50% 佣金的分配方案有效地促进了经纪人之间的合作机制和房源共享，这对于匹配效率的提升和用户体验都十分关键。

在中国，由于没有 MLS 设计的游戏规则，也没有独家委托和买方、卖方经纪人之间的合作机制，佣金分成率的设定明显不同于美国：其一，在公司体制条件下，传统的分成结构中，公司往往收取佣金的绝大部分。相比之下,美国经纪公司的分成通常在 20％以下,RE/MAX(瑞麦地产)是最典型的代表,它的分成率只有 5％左右。其二,经纪业务本身需要经纪人的合作,而中国传统体制下经纪公司往往未对合作经纪人之间的分成比率进行设计,从而导致一个公司内部经纪人之间在房源和客源上的恶性竞争,这既不利于匹配效率的提升,也会伤害用户体验。

二、重新定义经纪的内涵:几个新变化

今天,经纪的内涵已经发生了显著的变化,理解和把握这种变化是促进行业规范和发展的起点。

(一)以经纪为中心的房屋生态体系初见轮廓

第一,从房地产的大范畴来看,房屋资产端通常可分为一级市场、二级市场和后市场,分别对应资产的形成、流通和管理。今天房地产市场的实质性变化是房屋流通在整个房屋生态环境中的价值愈发突出。事实上,今天中国房地产市场发生的最深

新中介的崛起与房地产价值链的重构

刻变化就是从资产形成市场向资产流通市场和资产管理市场的
转移。

第二,作为最重要的中间渠道,经纪日益成为整个房地产系
统的中心环节。今天的经纪借助于"离消费者更近"的相对优
势,已经开始越来越多地介入到新房交易中,一二手联动日益普
遍,二手房经纪与新房代理之间的界限不断模糊。更重要的是,
经纪行业离社区最近、离房最近,而且积累了大量的历史交易数
据。这种天然优势让经纪行业更有可能顺利切入房屋管理领
域,从而大幅扩大经纪行业的战场范围。简单统计可知,新房代
理的 GMV 在 7.5 万亿元左右,二手房 GMV 为 4 万亿元,而资
产管理对应的是 150 万亿元存量房屋市场,空间极大。见图 1-9
所示。

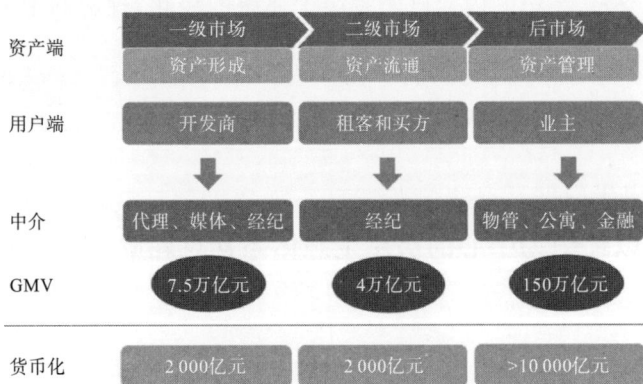

资产端	一级市场	二级市场	后市场
	资产形成	资产流通	资产管理
用户端	开发商	租客和买方	业主
中介	代理、媒体、经纪	经纪	物管、公寓、金融
GMV	7.5万亿元	4万亿元	150万亿元
货币化	2 000亿元	2 000亿元	>10 000亿元

图 1-9 房屋交易市场层次

资料来源:链家研究院整理。

(二)行业参与者从单一走向多元

经纪行业的参与者日益多元化,竞争格局也将发生显著的变化。在可以预期的未来,中国的经纪行业将逐步形成几股相互博弈的重要的系统性力量:

第一,起步于经纪,并向新房代理、青年公寓和资产管理领域逐步渗透的巨型经纪公司。原则上,这种类型的公司基于庞大的房屋交易场景,具有明显的先发优势,也将成为最重要的行业参与者和驱动者。

第二,起步于开发,并向青年公寓、资产管理、房地产金融、建筑设计等环节进行横向和纵向一体化整合的综合性开发商。今天的趋势已经非常明显,处于转型通道中的房地产开发企业,特别是资金和资源实力雄厚的国有企业和上市企业,开始将注意力由单纯的开发市场转向资产管理市场。从日本的经验观察,三井、三菱和住友都是从开发向资产管理、经纪、租赁成功转型的经典案例(见图1 10)。

第三,互联网公司的兴起。这包括:第一类是传统PC时代的房地产媒体公司向经纪公司及其交易性服务的转型,它们从线上走到线下、从媒体走向交易,目前正处于转折点。第二类是从新房、租赁和青年公寓等切入,并逐步向交易渗透的在移动互

租赁+管理+开发+经纪

三菱地所　三井不动产　住友不动产

1 770　1 621　903

建筑+管理　　　其他

1 196　813　771　　114　88

大和房建　积水房建　大东建托　Leopalace 21　大京株式会社

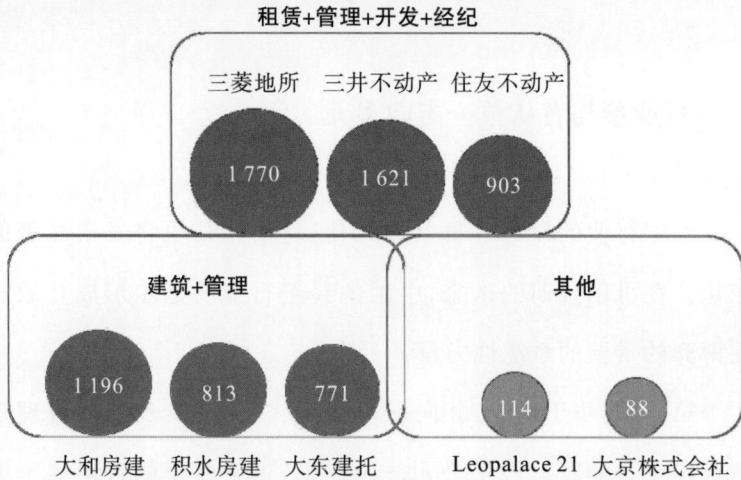

图 1-10　日本综合性开发商市值比较（单位：亿元人民币）

资料来源：链家研究院整理，市值数据截至 2016 年 5 月底。

联网时代诞生和成长的创业公司。这类公司可以说是"风起于青萍之末，浪成于微澜之间"，以今天看未来，它们力量尚小，以未来看今天，它们代表着趋势和方向，最终会成为一股改变行业的核心力量。第三类是 BATJ（百度、阿里巴巴、腾讯、京东）等巨头向经纪领域的渗透。尽管这些互联网巨头离房地产交易比较远，但是面对超过 10 万亿元的房地产交易场景，它们将选择以资本的形式、以场景对接互换的方式进入。

第四，大型银行和保险等金融机构也将通过金融介入逐步扩大在房地产领域的影响力。这些机构的核心优势是离钱近，核心劣势是离交易远，在这种情况下，它们的主流选择仍将是合作（见图 1-11）。

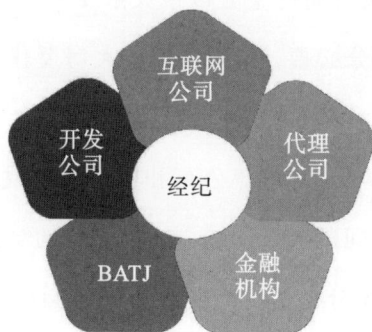

图 1-11 经纪行业未来的多方参与者

资料来源：链家研究院整理。

(三)房屋的交易属性和金融属性日益融合

房屋的核心属性是金融属性,金融属性的核心是在房屋的资产价值与现金流之间建立起有效的链接方式。在这个过程中,经纪与金融的融合越来越密切。从管理者的角度观察,人为地、片面地否认和切断这种链接是不可取的,应该以科学和市场化的方式加以规范和发展。具体如下:

第一,二手房交易代表的是资产所有权与现金流之间的转换。在这里,金融与经纪的结合是为了让房屋所有权更顺畅地流通,因此,可以将这种金融称为"流通性金融"或"周转性金融"。随着房屋交易的复杂度提升、交易周期延长、交易不确定性增加,通过发展流通性金融以最大限度地促进房屋流通、控制交易风险不仅十分必要,而且对于扩大房屋供给和稳定房价都具有重要的宏观意义。

第二,二手房租赁、青年公寓和资产管理代表的是资产的使用权与现金流之间的转换。在这里,涉及的金融服务种类比较多,主要包括租客分期、资产证券化、租约证券化、房地产基金等,这类金融服务涉及的环节更为复杂,对风险管控的要求更高,经纪与之结合的深度会小于流通性金融。

(四)经纪行业成为宏观和房地产调控的重要组成部分

今天的经纪行业不仅成为房地产行业的一个重要组成部分,也逐步成为影响房地产调控政策和货币政策的一个重要渠道。当一个国家的房地产行业处于开发阶段时,调控政策和货币政策的传导逻辑是政策变化影响土地购置,进而影响新开工投资,最终影响固定资产投资和经济增长,调控的核心工具是土地供给和信贷供给。然而,当一个国家的房地产行业逐步过渡到存量房发展阶段时,传统的政策传导逻辑开始有所弱化,并分化为两条传导线索,由此导致经纪成为宏观调控和房地产调控的重要传导渠道。

第一条线索是政策变化引导预期。例如信贷放松,首先传递至卖方与买方的预期,进而影响卖方的挂牌量和挂牌价,以及买方的需求量和报价,这是一个典型的C—B—C市场结构,这与开发商主导供给的B—C市场结构下的价格形成逻辑完全不同。总体上,二手房交易是一个预期影响作用更大的市场,也是一个"羊群效应"更显著的市场,因此,更容易大起大落,更容易滋生泡沫与崩溃的负循环。正是基于此,一个规范和健康的房地产经纪行业对市场的稳定起着至关重要的作用。

第二条线索可称为"财富效应"。二手房交易市场所形成的价格会传递至非交易的存量市场,进而影响资产价值,最终影响人们的消费意愿和消费能力。以北京为例,存量房的流通率目前约为3%,换言之,占3%的活跃市场的价格会对占97%的非活跃市场的资产价值产生明显的冲击,让人们在心理预期上感觉到变富或变穷,进而影响到消费,影响到经济增长。这条逻辑在美国等发达市场非常有效,在中国正变得越来越有效。

三、六大支柱

站在今天的时点看,基于已经变化的新情况,为了推动中国经纪行业更加规范和繁荣地发展,从而逐步提升房屋流通率、形

新中介的崛起与房地产价值链的重构

成一批职业化的经纪人,让经纪行业成为阳光产业,让经纪人成
为受人尊重的职业,我们提出经纪行业走向繁荣的"六大支柱"
(见图 1-12)。

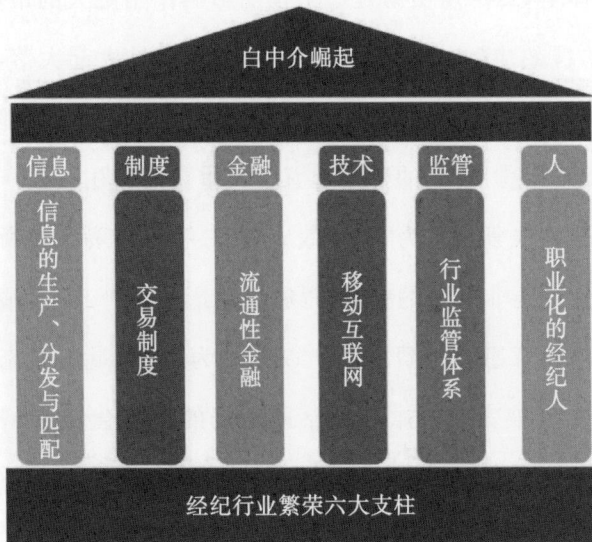

图 1-12　白中介崛起的六大支柱

资料来源:链家研究院整理。

第一大支柱是信息的生产、分发与匹配。这是行业走向规
范的起点。为了实现全面、及时、准确的房源信息,让用户的房
屋交易决策更聪明、更透明、更理性,房源信息的生产和传播需
要做出根本性改变:其一是推行书面委托。明确界定委托的基
本元素,把委托价格和委托期限以书面合同的形式确定。其二
是认可和鼓励独家委托。多家委托意味着对经纪人信息生产工
作不进行任何产权保护,并由此滋生经纪人隐藏真实信息和传

播虚假信息的内在激励。从国际经验观察,独家委托取代多家委托是大势所趋,随着买卖双方力量的平衡和市场规模的扩大,中国也将自然地进入独家委托阶段。其三,对传播虚假信息的经纪人和互联网公司实施"黑名单制度"和严格的惩罚机制。今天的实际情况是传播虚假房源不仅毫无惩罚,还能名正言顺地成为一种商业模式。因此,信息的规范不是从 0 开始,而是从负开始,任重道远。

第二大支柱是交易制度。这是实现交易安全的核心。从根本上讲,房屋交易的风险来自合同流、资金流和产权流在时间和流程上的错配,资金监管则是解决交易风险的一个重要切入点。二手房交易的本质是合同约束下产权与资金的动态交换过程,不同于一般的商品交易。二手房交易动态过程伴随着信息流、资金流与产权流重叠,资金多次交付时点,交易环节复杂,参与主体众多,涉及新老债权人的进入和退出,资金和权利的交割往往出现时间上的错配,交易的长周期伴随着多种不确定性与潜在风险。此外,二手房作为非标准化商品,产权信息复杂,随着市场环境的变化,买卖自行完成交易难度不断增加,风险累加,而任何小概率事件对于买方都是难以承受的损失。因此,强制实施资金监管才能保障交易安全和消费者权益。然而,今天的实际情况是现有的政府监管、纯商业银行监管以及四方资金监管大多基于商业银行的服务,在监管效率、服务、用户体验上存在一些共性弊端,而且不少城市目前没有任何形式的资金监管。

新中介的崛起与房地产价值链的重构

第三大支柱是流通性金融。其存在的意义：一是解决客户交易环节的痛点，更好地服务于客户需求，尽可能地降低交易过程的不确定性；二是基于真实的交易场景，通过短期资金融通平滑交易。在今天的市场，特别是随着换购需求的增加，这种复杂度有增无减，这比以往任何时候都更需要基于二手房交易的金融服务。因此，从行业规范和金融支持的角度看，对于房屋交易项下的房地产金融创新，特别是在二手房交易环节的金融创新应该给予支持和鼓励。从实际情况来看，大多数经纪公司的房地产金融的产品都是从交易环节入手的，例如赎楼、尾款等，这些产品和业务是现有银行服务的一种补充。此外，从合规性角度看，针对房地产金融的政策应有明确的界限和区分，对于平滑交易的短期资金周转类金融创新应给予明确的区分和支持。这类金融产品对于促进二手房交易、减少交易风险、扩大房屋供给和平抑房价都有非常明显的作用，因此，应把这类产品与杠杆类产品明确区分，不能等同。

第四大支柱是移动互联网。这是未来房地产经纪行业最重要的基础设施，相当于"水电煤气"，而不仅仅是一种工具。以前，对于经纪行业而言，互联网不过是经纪人传播房源信息的一个端口而已；今天的移动互联网正以非常快的速度切入从信息到服务的所有环节；未来将逐步重塑房屋交易的流程和结构，从而提升交易效率，也将重建经纪人之间的合作与分工关系网络，最根本的是将打破传统经纪行业的成本结构，实现规模效应与网络效应的统一,彻底改变整个行业。

第五大支柱是行业监管体系。这是经纪行业规范与发展的底层支撑。以美国为例,房地产经纪行业的管理,实行政府管理与行业自律并行的管理机制,各州政府会设置房地产委员会或房地产局对经纪公司和经纪人进行管理,其管理的主要法律依据就是各州《房地产执照法》。但在实际管理中,行业协会发挥更为重要的作用,无论是管理房地产经纪的程度或力度都要强于政府,而且在推动行业规范化和行业进步方面也发挥着更直接的作用。行业协会之所以能够发挥这么大的作用,主要是因为:其一,行业协会管理上有独立性,拥有自己的公信力。美国的房地产经纪人协会是为房地产经纪人服务的机构,既不依靠政府,也不是政府的下属机构,除遵守相关行业组织法律外也不接受政府的领导或者指导,其仅仅代表行业的利益,能够自主地推动行业有序、健康的发展。其二,更为重要的是,行业协会有独立的财权和稳定的收入。其收入主要来自经纪公司和经纪人缴纳的会费,因为想加入行业协会的房地产经纪公司或经纪人,必须三级协会都要加入,即必须向地区协会、州协会、全国协会这三级协会分别缴纳协会会费。

第六大支柱是职业化的经纪人。经纪人的专业化和职业化是经纪行业规范的核心支柱。从国际对比来看,美国3亿多人口,对应100万左右全职经纪人,平均每300个美国人有1个职业经纪人提供服务。即使考虑到中国更高的人口密度,预计未

新中介的崛起与房地产价值链的重构

来均衡状态下,中国将出现100万左右的职业化经纪人服务于中国2.5亿个城镇家庭,服务于中国城市家庭的150万亿元房屋资产(见图1-13)。由此可见,一批以服务为导向的职业经纪人何等重要。为此,建立一套基于经纪人的行为规范、销售语言、底线道德和从业伦理等游戏规则至关重要。除了基本的底线约束,经纪人准入机制和学习机制也同等重要,这需要学习教材的配套和完善。对比之下,美国经纪人学习的课程包括"房地产经济学""房地产经纪学""房地产金融学""通用会计学""房地产法""房地产资产管理""物业管理""房地产估价",日本经纪人也需要学习建筑、法律、税费、评估等相关知识,并通过严格的考试,而中国经纪人今天的学习内容还停留在话术阶段。

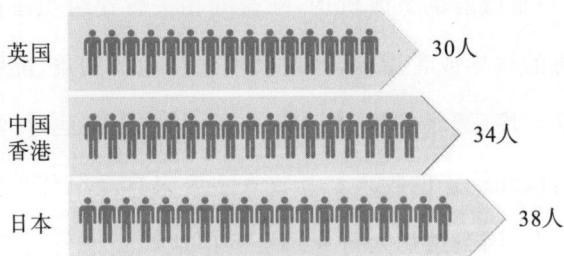

英国 　　　　　　　　　　　　30人

中国香港 　　　　　　　　　　34人

日本 　　　　　　　　　　　　38人

图1-13 每万人经纪人数量国际比较

资料来源:链家研究院整理。

总体上,这"六大支柱"从不同的角度发挥作用,相互影响,构成一个相对完整的框架。信息的生产、分发与匹配是交易的起点,也是行业规范的起点;交易制度是交易安全的关键环节;流通性金融则是交易的润滑剂;移动互联网是硬性技术基础设施;行业监管体系是软性基础设施;职业化的经纪人则是整个系统的核心。这六大支柱组合在一起,成为驱动行业走向规范和发展的关键力量。见图 1-14 所示。

图 1-14 房地产经纪行业健康发展的六大支柱分类

资料来源:链家研究院整理。

第二章

信息的生产、分发与匹配

- 信息是二手房交易和流通的起点,信息的生产、分发与匹配的效率决定了交易的效率。

- 短期来看,为了规范信息的生产,确保信息的全面、及时与准确,应当及早推行房源书面委托制度,实施房源信息实名发布制度,并尽快建立真房源保证金制度。

- 长期来看,随着经纪行业的参与者日益广泛,应当逐步建立覆盖多元主体的跨领域和跨部门信息监管体系,规范信息发布制度,把经纪公司、互联网公司、软件公司和经纪人等纳入统一的监管框架之中。

　　房屋交易是一项高度信息密集型的决策,每一个节点都需要准确的信息支持。房屋供给具有高度本地化、分散化、非标准化的特点,买方需求又高度差异化、个性化,交易双方信息不对称是房地产交易的最大难题。在房源信息层面,如何掌握全面、真实、及时的信息,在信息保护的基础上尽可能大范围曝光,并与买方需求进行高效匹配,降低买方搜寻成本,形成一个安全、高效的信息闭环,是房地产经纪行业首先需要解决的问题。

一、二手房交易中信息的内涵与影响因素

(一)信息的定义和内涵

　　在房屋的流通过程中,信息不仅是指房屋本身所具有的静态信息和物理信息,也包括交易过程中产生的动态信息,这种动态性表现在信息的生产、分发、匹配及交易环节。见图2-1所示。

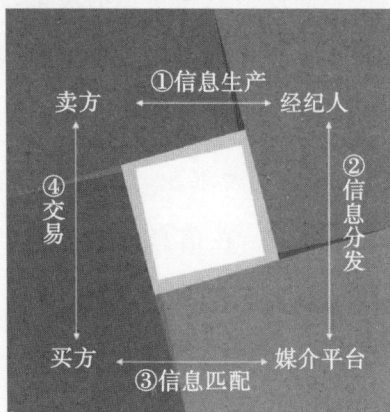

图 2-1　房源信息生产、分发、匹配和交易环节

资料来源:链家研究院整理。

具体而言,信息包括以下四个部分:

1.委托信息

房源信息是其中最为复杂的一项,它产生于业主向中介机构委托房屋销售的过程中。委托信息主要包括:委托对象、委托方式、委托期限。其中委托方式主要有独家委托、独家代理和开放式委托三种。见图 2-2 所示。

独家委托合同:美国称为"exclusive right-to sell",日本称为"专属专任合同"。这种合同保证了卖方经纪人的独家排他性出售权,在委托期限内,无论谁找到了买方实现交易,卖方都需要向签约经纪人支付佣金。

独家代理合同:美国称为"grants to a single broker an ex-clusive agency",日本称为"专任合同"。这种合同与独家委托合

独家委托合同

经纪人

卖方 信息 匹配 买方

禁止自行成交

独家代理合同

经纪人

卖方 信息 匹配 买方

允许自行成交

开放式委托合同

经纪人A

经纪人B

卖方 多方委托 买方

经纪人C

经纪人D

允许自行成交

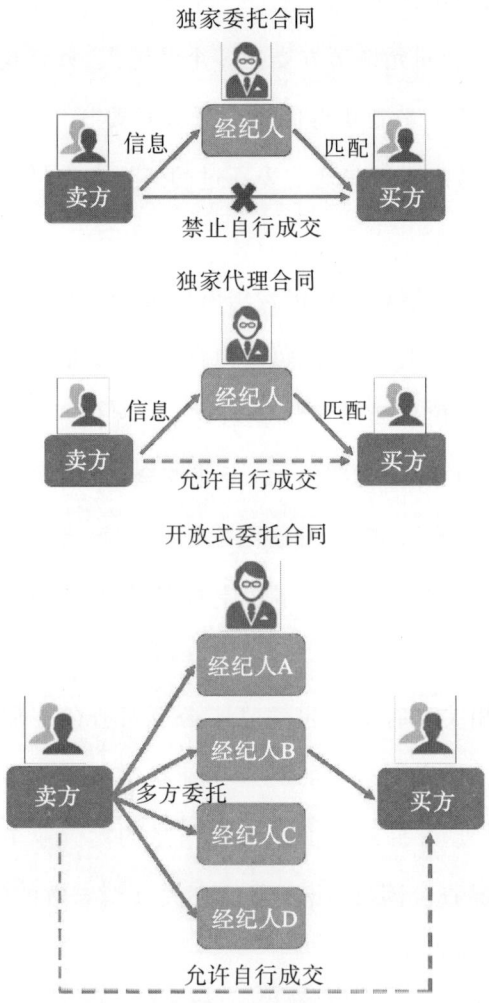

图 2-2 三种基本委托合同

资料来源：链家研究院整理。

同的不同在于卖方保留了自己出售房屋的权利，即如果卖方自行找到买方，无须支付佣金。

新中介的崛起与房地产价值链的重构

　　开放式委托合同：美国称为"open listing"，日本称为"一般合同"。这种合同允许卖方委托多个经纪人，只有找到买方并完成交易的经纪人才能获得佣金。开放式委托中，卖方也可以直接与买方交易而不用向之前委托过的经纪人支付佣金。

　　2.物理信息

　　房屋的物理信息主要包含房屋质量、面积、结构、瑕疵等，也包括对居住体产生影响的信息，包含社区、交通、教育、医疗环境等。影响物理信息质量的因素在于，掌握信息的主体（包括业主、经纪人和政府相关部门）是否能够全面、真实地展示所有信息。在房屋物理信息上，发达国家已建立起比较完善的保障体系，从法律法规的角度明确了业主对房屋状况的披露义务，并明确了经纪公司或独立第三方检测机构对房屋状况的查验及信息传递责任，相关政府机构也建立了公开可查的房屋数据库。现阶段，中国二手房交易中的房屋物理状况主要依靠经纪公司和买方自行检查，掌握最全面最准确信息的卖方业主披露责任缺失，房屋状况查验困难，出现因信息失真而导致的问题时，各方责任也难以明确划分。

　　3.权属信息

　　权属信息包括产权信息、抵押贷款、物业费等债权信息，以及附着于房屋上的其他权利，如户口、学区名额等。厘清权属信息是极为复杂的过程，加之通常涉及第三方，可控性较差，极易滋生牵涉大额资金的纠纷。权属信息的影响因素在于事前跨部门间信息共享、事后交易风险共担或转移机制的建立。现阶段产权信息的主要问题在于产权信息比较封闭,核验流程繁杂且无法获取抵押、查封等的动态信息,交易中产生的风险完全由买卖双方承担。

4.匹配信息

匹配信息是指在房源与客源匹配的过程中产生的动态信息,既包含可直观量化的如带看量、咨询量、业主调价幅度及次数等,也包含难以量化的预期变化、急切程度等。匹配信息影响着最终成交的价格与时间,是对预判成交状况极为重要的信息,也是最难以共享的部分。匹配信息的披露程度直接与经纪公司内部制度和信息共享平台的规则设定有关,而难以量化的匹配信息则通常归经纪人私有,是经纪人深耕社区和维护业主关系的劳动成果。

(二)影响房源信息质量的因素

高质量的房源信息要求全面、真实、及时。

全面要求:第一,全部在售房源的呈现;第二,每一套房屋信息颗粒度足够细。

真实要求:第一,经纪机构与房地产经纪人所发布的房源信息必须保证在物理上是真实存在的;第二,卖方出售该房屋的意愿是真实的,并且愿意委托该房产中介机构出售;第三,房源对外发布的价格是卖方的真实意思表示。

及时要求:第一,房源信息具有鲜活度,买方看到的是第一时间上架的房源;第二,房源信息必须反映交易各个阶段的变化,如业主调价时要及时在线呈现,房源售出时要及时下架。

影响房源信息质量的主要因素有:

一是经纪人对房源信息是否具专有性,即房源是否以独家委托方式委托给经纪人。由于房源信息具有高生产成本、低复制成本的特性,房源信息需要得到明确产权保护,才能消除经纪人被"跳单""搭便车"的后顾之忧。独家委托制度实际上是对经纪人信息产权的保护,经纪人可以没有后顾之忧地将房源信息尽可能大范围曝光。而且,经纪人之间是互相帮忙卖房的合作关系,经纪人没有动机和激励发布虚假房源,房源信息真实性得到保证。相反,开放式委托下,经纪人将房源视为"私人财产"不愿公开,藏盘盛行,为了吸引用户还不惜编造虚假房源,公司的 ERP 数据也难以确保质量,无法实现对外分发信息的真实性。

二是信息的分发方式,即信息是通过统一的平台分发还是零散地向各个媒体分发。美国经验表明,要实现全面、真实、及时的房源信息,必须有能够覆盖全部市场或占据房源垄断地位的平台对市场信息进行整合规范。相反,分散、独立的信息平台没有能力整合分散在中介手中的房源信息,无法形成完整、统一、规范的底层数据库,数据缺失严重。中介之间、平台之间的互相竞争也导致各平台发布的房源信息重复性高、准确性差。

三是信息内外传播是否具有一致性,即经纪公司在房源分发的内部系统与外部系统上是否具备统一的规则,以形成反馈的闭环和统一的质量。在统一的规则下,房源信息直接从内部数据库开放到外网,数据是一致可控的,即当内部数据库系统添加、修改或删除房源数据时,外网信息随即进行更新,使外网用户始终得到的是最新、最准确的信息,避免信息迟滞带来的误导。相反,如果内外网不一致,或是使用了其他数据库分发的数据,前台无法保证随着后台数据及时更新,用户获得的终端信息也就无法保证真实和及时。

二、信息生产、分发与匹配的国际经验

(一)房源信息的生产

1.房源委托必须以受法律保护的书面形式确定

美国、日本房源委托中卖方与经纪公司签订书面的委托合同都有明确的规定。美国大部分房源委托合同都由地方经纪人协会提供统一的表式。日本以立法的形式在《宅地建物交易业法》中明确给定了书面房源委托合同的基本内容(见图2-3),行业协会给出了更加具体的委托书范本。全面推行房源书面委托制度,是真房源标准能够落地、房源信息披露制度能够得以规范的先决条件。

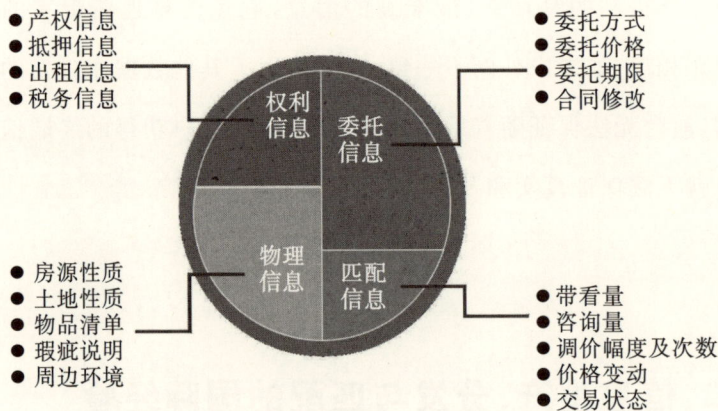

- 产权信息
- 抵押信息
- 出租信息
- 税务信息

- 委托方式
- 委托价格
- 委托期限
- 合同修改

权利信息　委托信息

物理信息　匹配信息

- 房源性质
- 土地性质
- 物品清单
- 瑕疵说明
- 周边环境

- 带看量
- 咨询量
- 调价幅度及次数
- 价格变动
- 交易状态

图 2-3　房源委托书包含的内容(美国、日本)

资料来源:链家研究院整理。

2.独家委托方式逐渐成为市场的主流

美国几乎全部的房源都是独家委托。美国1880年之后经纪行业开始萌芽,最初为开放式委托。20世纪50年代以后,旨在促进经纪人合作的房源信息共享平台MLS(multiple listing service,多重上市服务)逐渐得到市场的认可并成为美国经纪行业的核心,其制定的规范成为行业遵循的标准。多数MLS强制要求加入其中的经纪人上传的所有房源必须签订独家委托合同。1970年以后,独家委托合同取代了开放式委托成为主导性的委托形式。目前美国几乎所有的地区级经纪人行业协会和城市地区的经纪人行业协会会员都加入了 MLS,意味着绝大部分房屋交易委托采用独家委托合同。

日本独家委托、独家代理及开放式委托三种方式均得到承认。开放式委托又分为"明示型"和"非明示型",前者要求卖方向中介公司公开所有已委托的中介名单,而后者无须。在明示型委托中,如果卖方与名单外的中介公司达成了交易,名单内的中介公司有权利向卖方要求一定的中介费用。无论哪种开放式委托,卖方都有责任及时告知中介公司与哪家中介达成了交易。见表 2-1。

表 2-1 日本交易委托方式比较

委托方式		独家委托	独家代理	开放式委托
卖方义务	是否允许委托其他经纪公司	否	否	是
	是否允许自行交易	否	是	是
经纪公司义务	向 REINS 登记时间限制	5 天内	7 天内	无要求
	向 REINS 汇报成交结果	要求	要求	无要求
	向卖方定期汇报	每周一次	每两周一次	无要求
	向 REINS 定期汇报	每周一次	每两周一次	无要求

资料来源:链家研究院整理。

日本近年来开放式委托比例开始有所下降,独家委托房源比例持续增长,独家委托房源在成交比例上也大幅高于开放式委托房源。从 2014 年的房源委托登记数据看,日本独家委托比重为 26%~29%,低于独家代理,与开放式委托相当。然而,从成约比例上看,独家委托的成约比例远远高于独家代理和开放式委托。见表2-2所示。

表 2-2　2014 年东日本 REINS 委托房源登记及成约件数

	当年登记		比重(%)		当年成约		成约比例(%)	
	独栋	公寓	独栋	公寓	独栋	公寓	独栋	公寓
独家委托	25 028	42 354	26	29	6 704	16 155	26.8	38.1
独家代理	46 111	63 696	48	44	8 365	16 534	18.1	26.0
开放式委托	25 516	38 846	26	27	2 679	3 688	10.5	9.5

资料来源:东日本 REINS。

从近年发展趋势上看,2002 年到 2014 年间,独家委托房源增长 131%,独家代理房源增长 25%,开放式委托房源增长 40%,独家委托增长大大超过其他方式,市场份额不断扩大(见图 2-4)。

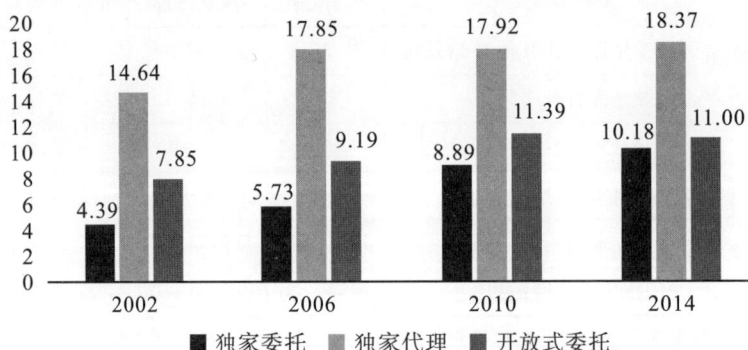

图 2-4　日本 REINS 登记的委托房源数量变化(%)

资料来源:东日本 REINS。

英国房源委托在独家代理(sole agents)和开放式委托(multiple agency agreements)外,增加了联合独家代理(jointsole agreements)形式,即卖方指定两个代理商合作服务,佣金在这两个代理商之间协商分配。从本质上看,联合独家委托是独家委托的一种特殊形式。

从美国、日本等发达国家的经验看,随着二手房交易规模的扩大和从卖方市场向买方市场的过渡,房源委托方式从开放式向独家委托转变是大势所趋,这是扩大房源曝光范围的需求(见图2-5)。由于行业低门槛,房源非常分散,如果每一个公司只拥有极小一部分房源,无法吸引足够多的买家,独立的经纪人"单打独斗"难以适应房源大范围曝光的需求。开放式委托下,卖家和买家都需要同时和多个经纪人磋商,信息传播效率很低,并且开放式委托中"搭便车"的问题,使得经纪人缺少房源曝光的主动性。为寻找潜在买主,房源信息只有更大规模地得到传播才能最终成交,这必须以信息专有保护为前提。因此在二手房交易需求不断扩大的市场中,独家委托更具效率。

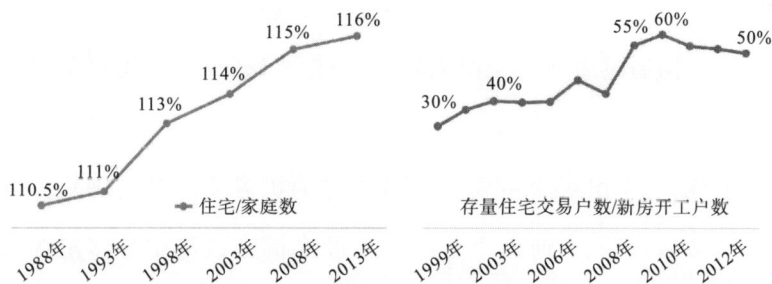

图 2-5　日本存量房市场变化趋势(%)

资料来源:FRK,链家研究院。

(二)房源信息的分发

经纪行业的演变史本质上是一部信息媒介从分散到集中、从分割到统一的整合史。在买方、卖方都高度分散的市场里,需要一个"做市商"确定经纪行业的游戏规则,向上整合房源掌握供给,向下整合客源掌握需求,从而在一个高度集中的平台上,让买方找到房源,让卖方找到客源。在线下时代,做市商是MLS、REINS等传统信息共享平台;在线上时代,互联网将成为新的做市商。

1.传统信息共享平台

在委托方式得到明确的时代,美国与日本的二手房市场均形成了大范围的房源共享平台,这使得行业信息从封闭垄断走向开放共享,标志着经纪行业开始走向成熟。

美国通过由地方经纪人协会创建的MLS平台实现房源信息共享。1880年以前,美国二手房交易规模较小,经纪行业尚未形成,二手房买卖主要是交易双方随机遇见。二手房交易开始增多后,经纪人通过小范围的房源交流会或集中打印房源信息分享自己的手持房源。1907年美国第一个本地MLS在纽约成立。1970年后,美国二手房成交数量大幅提升,房产交易的规模大幅增大,经纪人之间共享与合作需求日益强烈。本地经纪人协会纷纷创建 MLS,加入会员的数量也明显增加。1973
年,几乎所有的地区级经纪人行业协会和城市地区的经纪人行
业协会会员都加入了 MLS。目前本地 MLS 的数量已经接近
900 家。

多数 MLS 都规定,除非卖方明确表示不愿意公开,加入
MLS 的所有卖方经纪人在签订独家代理委托合同之后 24 小时
之内必须将委托合同的复印件和房源信息表格等房源委托信息
上传到 MLS 系统。这些信息通常包括房屋的位置、户型、卖方
出价、委托期限以及佣金率和佣金分配比例等。完成匹配交易
后,买方经纪人和卖方经纪人分别获得 3%的佣金。借助 MLS,
所有经纪人掌握的房源被连接起来,买方或卖方只要通过一个
经纪人就能够把自己的供给或需求信息覆盖到整个市场,实现
了房源信息的完全曝光,提高了匹配交易的效率(见图 2-6)。

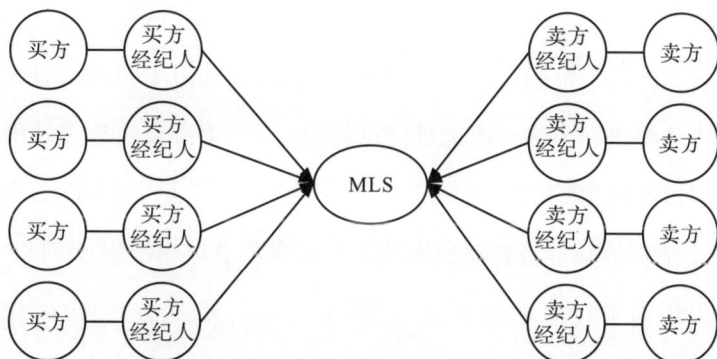

图 2-6 MLS 体系和独家委托下的信息共享

资料来源:链家研究院整理。

新中介的崛起与房地产价值链的重构

日本的 REINS(Real Estate Information Network System，房地产信息网络系统)是由《宅地建物交易业法》中规定的流通机构运营的房源信息共享平台。与 MLS 的市场自发形成有所不同，日本 REINS 的形成与发展和政府的持续推进密不可分。

20 世纪 70 年代以前，日本二手房市场同样面临房源信息混乱的困境。1978 年，日本建设省(即现在的国土交通省)与经纪企业共同探讨发布了《不动产流通现代化促进报告》，倡导在房源信息共享和确保准确性、房源委托合同制度的确立、价格公正勘定、提升从业人员素质上共同努力。1984 年由 5 家大型中介公司(三井不动产、东急不动产、野村不动产、小田急不动产和藤和不动产)合作成立了"不动产流通促进协议会"，1985 年加入三菱地所和西武不动产，7 家大公司建立起信息共享合作机制。同时期，中小公司也自主建立诸如"不动产交易中心"之类的信息交换组织。全国陆续设立了超过 100 家的"认定流通机构"，迈出了信息小范围共享的第一步，但是流通机构之间的信息交换却依然封闭。为进一步促进信息流通，1986 年流通机构与政府成立的指导机构"不动产流通近代化中心"共同开发了 REINS，全国 37 个地域的从业者都可以在线上进行房源登记和检索，REINS 的使用规则被以立法的形式写进《宅地建物交易法》。1985 年至 1997 年，指定流通机构间频繁整合和合并，最终指定流通机构缩减整合为 4 个，分别为东日本、中部圈、近畿圈和西日本，覆盖全部国土。2000 年后迎来了 REINS 发展最为迅速的时期，到 2010 年登记的房源数量实现翻倍。见图 2-7、图 2-8 所示。

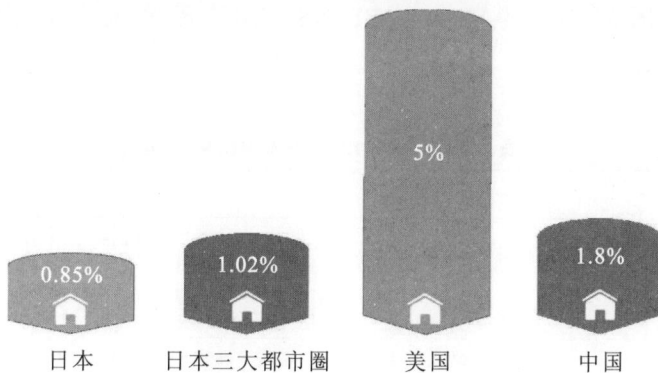

图 2-7 美国、日本及中国的二手房流通率比较

资料来源：链家研究院整理。

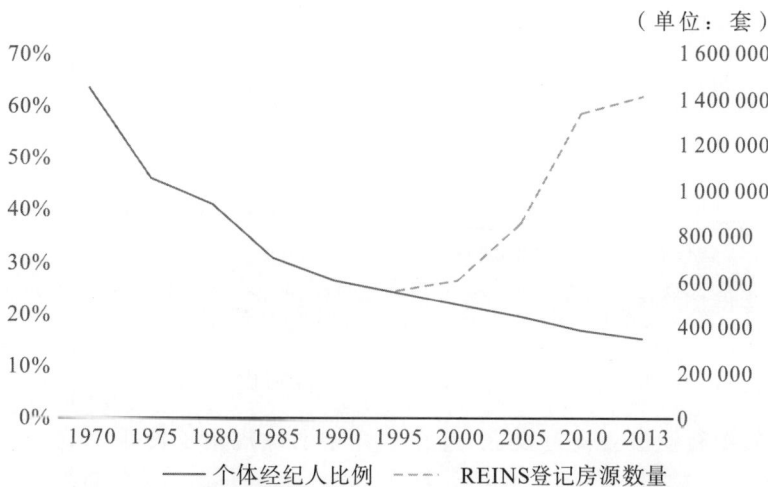

图 2-8 日本个体经纪人比例下降而 REINS 登记房源数量增加

资料来源：东日本 REINS。

新中介的崛起与房地产价值链的重构

比较 REINS 与 MLS 产生和运行规则,日本的 REINS 更像是美国 MLS 的早期版本,REINS 在组织形式、运行规则上与 MLS 存在一定的差别(见表 2-3)。

表 2-3　美国 MLS 与日本 REINS 比较

	MLS	REINS
发起人	美国地区经纪人协会	日本流通机构与不动产流通近代化中心
发起形式	市场自发	政府推动
管理主体	全美经纪人协会确立主要规则,地区经纪人协会具体管理	日本流通机构与不动产流通近代化中心设立规则,指定流通机构具体管理
数量规模	900 多家地区级平台	4 个区域机构
经纪人义务	24 小时之内上传房源	5～7 天内上传房源
委托方式	仅独家委托	独家委托或独家代理强制上传,开放式可自行选择
加入对象	仅经纪人	仅经纪公司
加入条件	经纪人必须加入三级经纪人协会	经纪公司必须加入经纪人协会
开放对象	所有公众	经纪人

资料来源:链家研究院整理。

第一,美国 MLS 市场自发形成的特征明显,而 REINS 的运营者——指定流通机构行政色彩更强,它由几家全国性的大型经纪行业协会支持设立,并在法律中明确规定了使用方式。日本经纪公司无法直接加入 REINS,而必须通过加入经纪行业协会当地分会才能接入 REINS。日本最大的全国宅地建筑物交易业协会联合会成立于 1968 年,会员数多达 97 529 家,占到所有经纪公司95％以上。

第二,REINS的开放程度低于MLS,信息透明度仍然较差。美国经纪人通过接入MLS所查阅到的房源信息与Realtor.com、Redfin和Zillow等面向公众的信息网站所公布的信息几乎没有差别,但日本的REINS仍仅对经纪人开放,经纪人可自行选择是否向公众媒体公开,房源曝光程度完全由经纪人掌控。比公众掌握更多不透明的信息仍然是日本经纪公司的盈利途径之一。

第三,REINS仍处于不断完备中,条款细节存在修订和改善空间。例如在时限上,美国要求独家房源在72小时内上传至MLS,而日本的REINS则宽松至5天或7天。通常经纪人在拿到房源3天内找到买主的可能性极低,但如果价格足够低,经纪人有可能在7天内找到买方。由于日本经纪人常具有很强的双边代理倾向,为独占买卖双方的佣金(通常买卖双方各自支付3％),经纪人有较强动力劝说卖方调低价格,并尽可能拖延在REINS上登记的时间,甚至即便在REINS上登记,在其他公司经纪人询问房源时也有可能谎称"已被预订"。为此,REINS投入了大量精力防止经纪人藏房源,包括要求经纪人向业主提供房源已登记的证明书、研讨是否开放业主登陆REINS以查看自家房源的登记状况、在REINS的登记栏添加销售状态的必选项等。日本主要经纪公司的总佣金费率双边比例如图2-9所示。

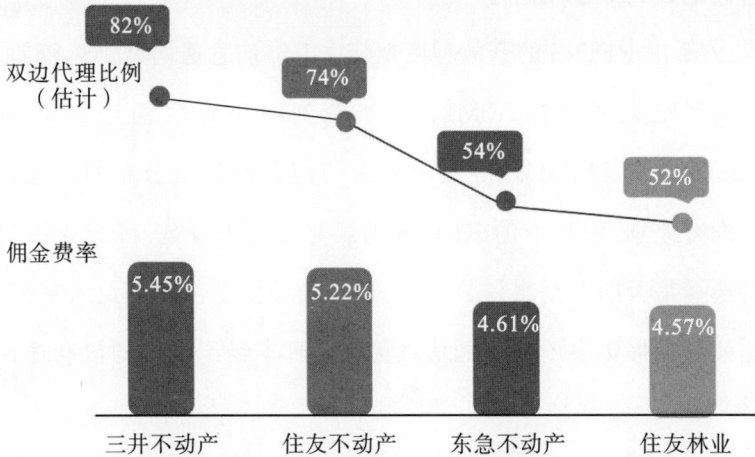

图 2-9   日本主要经纪公司的总佣金费率双边比例(%)

资料来源:链家研究院整理。

2.互联网时代的房源信息分发体系

互联网改变了信息传播的体系。在传统的大众媒介时代,房源信息掌握在经纪人手中。经纪人既是房源内容提供者,又是信息渠道。消费者只能通过纸媒广告、朋友推荐和口耳相传找到本地市场的经纪人,继而才能了解到房源信息。在线下时代,MLS是一个封闭的信息系统,只会对经纪人开放,卖方和买方不能直接进入 MLS。房源信息的传播范围较窄,时效性较弱,传播效率也比较低(见图 2-10)。

20 世纪 90 年代以来,互联网普及率上升及消费者注意力从线下转移到线上,一批互联网企业开始与信息共享平台签订房源数据分发协议,把传统封闭的房源信息发布到公众可以接

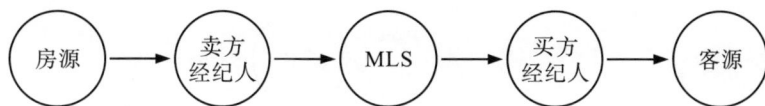

图 2-10　美国线下时代的信息传播

资料来源：链家研究院整理。

触的网站平台。

美国 MLS 通过互联网自动分发。进入互联网时代，传统封闭在 MLS 的数据开始通过互联网平台向消费者开放。一是通过 MLS.com 直接向用户开放；二是 MLS 将房源信息直接分发给全美经纪人协会的全国官方网站 Realtor.com，Realtor.com 再将房源数据分发给 Zillow、Trulia 等第三方网站；三是通过 Tigerlead 等平台提供的互联网数据交换系统（Internet Data Exchange，IDX），将房源数据向 Google、Yahoo、Bing 等搜索引擎，以及在经纪人主页和经纪公司主页网站分发和分享。这使得房源展示突破地理限制和时间限制最大限度地直接曝光给买方，买方也可以通过互联网平台直接搜索房源和经纪人。美国房源分发自动化程度较高，其他网站获得的信息与 MLS 几乎没有差异（见图 2-11）。

日本通过 REINS 平台有选择地曝光房源信息（见图 2-12）。日本房源信息传播在透明度上与美国成熟的信息分发体系相比仍存在差距。首先，REINS 不主动向外界网站分发房源，分发需要上传房源的经纪人许可，房源信息主要局限于经纪人之间，

新中介的崛起与房地产价值链的重构

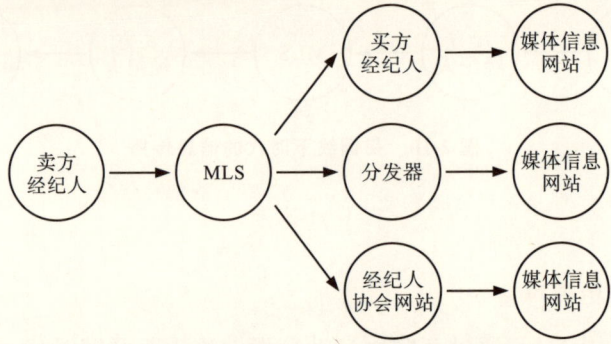

图 2-11　美国基于 MLS 的互联网信息分发模式

资料来源：链家研究院整理。

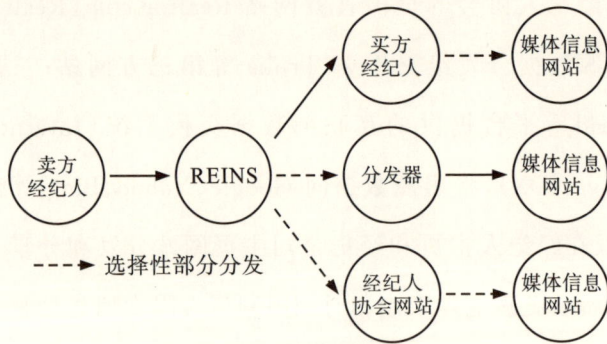

- - - - → 选择性部分分发

图 2-12　日本基于 REINS 平台的互联网信息分发模式

资料来源：链家研究院整理。

消费者只有向经纪公司咨询才能获取更完整的信息。其次，日本房源分发的自动化程度不高，分发渠道仍然比较零散。小型经纪公司与大型经纪公司各成体系，通过各自协会的网站或合作媒体向公众分发信息。日本没有一家网站能够接触全部房源信息源,这造成了房源信息公众传播的效率损失。总的来说,日本二手房市场启动较晚,仍处于调整和优化的阶段。

对于一些没有信息共享平台的国家,互联网与经纪公司内部系统的对接实现了房源对外展示。澳大利亚没有像 MLS 和 REINS 这样的信息共享平台。20 世纪 90 年代中后期,澳大利亚房地产媒体公司 REA 通过对接当地最大的经纪公司的内部 ERP 系统,实现了房源的整合和互联网化。当房源与平台用户发展到一定程度,垄断性就逐渐体现出来,目前澳大利亚 90% 的经纪人都是 REA 的付费用户。

进入 Web 2.0 时代,在房屋估值、邻里信息、搜索引擎和 UGC(用户原创内容)模式的发展应用下,互联网平台渐渐形成了以用户为中心的房源信息分发方式。比如,互联网企业可以将房源信息以可视化方式展现在地图上,用户可以直观了解房屋附近的市政设施甚至地震、火灾、飓风等记录,根据自己的偏好进行多条件筛选比较。在 UGC 模式下,用户可以自己在网站上添加和更新房源信息、社区信息,可以对经纪人进行在线选择和评价。随着移动互联网的快速普及,越来越多的房屋搜索由移动端发起,极大地扩大了用户自主选择的范围。

在此阶段,互联网传播重塑了房源信息传播流程。第一,经纪人的信息匹配功能被削弱。用户通过互联网搜索房源信息的比例已经占据绝对比重。美国消费者 2015 年通过互联网找到房屋的比例已经超过45％,而来自经纪人的比例则下降到30％左右。第二,房源端的互联网化率提高削弱了MLS等房源平台的垄断能力。卖方可以绕过经纪人直接将房源信息发布到媒介平台,形成卖方—媒介平台—买方的新闭环。美国出现了Pre-MLS和Off-MLS,前者是经纪人在上传MLS之前先将房源信息发布到互联网上,后者是部分经纪人脱离MLS只在互联网上发布,MLS在信息传播中的一部分作用正在被互联网平台替代。因此,在以用户为中心的互联网传播时代,互联网正越来越成为真正的信息中介。

从未来看,互联网时代的房源信息分发将可能呈现以下三个演变方向:一是参与决策的信息,如本地信息、估值信息及经纪人的评价信息等重要性提高。二是信息生产方式由PGC(专业生产内容)转向UGC。互联网降低房源信息生产对经纪人的依赖度,业主预售和业主委托等方式直接产生房源信息,可以克服房源信息生产传播环节中由经纪人带来的弊端。三是信息交互更加扁平化,让买卖双方在信息层面实现直接交互,从而把经纪人推到线下的服务端。

(三)房源信息的匹配

尽管匹配信息对于成交结果至关重要,一旦能够共享势必极大地提升市场整体效率,但在现实中,匹配信息的完全共享是非常困难的。目前匹配信息的公开一方面是传统信息共享平台规则中要求的信息的及时反馈,另一方面是经纪公司内部的ERP系统记录。

美国MLS规定,在交易完成之后,委托销售代理应对该交易信息及时修改,在系统中如实填写交易的成交价。如果委托方在合同到期之前撤回房源,经纪人必须向MLS提供卖方与经纪人的书面协议副本,MLS将房源标明为撤销。如果更改上市协议上的价格,经纪人应在委托更改24小时内(不包括周末、节假日)提交卖方书面授权,MLS据此改变上市信息。当会员拒不或未及时报告房源状态改变,MLS有权删除相关的房源信息。

日本REINS要求,在独家委托协议下,经纪公司在REINS上登记后须至少每周一次报告交易情况;独家代理协议下,经纪公司需每两周一次报告交易情况,成交后应当立即通知REINS,汇报成交情况。

(四)房源信息的查验与保障

在交易阶段,房源信息尤其是物理信息和权属信息的真实性决定了交易能否安全顺利实现,发达国家已经建立了成熟的保障体系。

新中介的崛起与房地产价值链的重构

一是物理信息的核查制度。主流市场已建立起比较完善的保障体系，从法律法规的角度明确了业主对房屋状况的披露义务，明确了经纪公司或独立第三方检测机构对房屋状况的查验及信息传递责任，相关政府机构也建立了公开可查的房屋数据库（见图 2-13）。

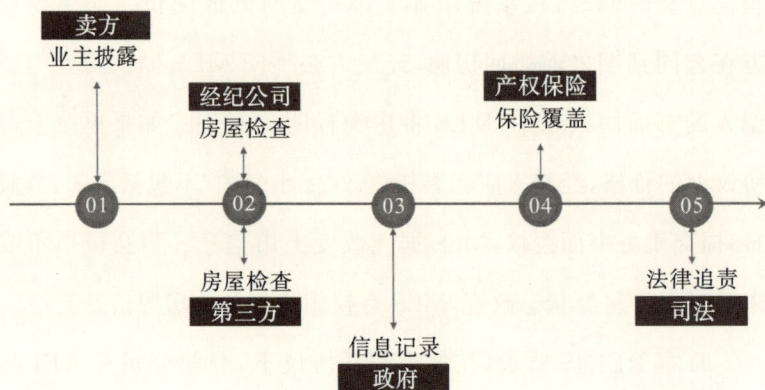

图 2-13　物理信息核查流程

资料来源：链家研究院整理。

美国在《财产披露法》中规定了业主对房屋状况的披露义务。在确认交易对手后，卖方需要提供房屋状况说明并由双方签字。卖方在该交易结束前有随时对该说明进行更新的义务。如果卖方没有进行说明和更新，卖方在交易结束时需要额外支付给买方一定金额的信用补偿。如果卖方虚假陈述或误导买方，买方发现房屋有被隐瞒的缺陷后，卖方需要承担相应的责任。日本也在《宅地建物交易法》中规定了类似的披露义务。房屋检查环节,美国一般由卖方委托第三方检查机构对房屋进行质量检查,并出具相关报告。日本则由经纪公司或经纪公司委托第三方检查,检查完毕后房屋物理状况由持证的宅建士写入法定格式的《重要事项说明》中。

此外,美国与日本的公共部门也保留了一部分房屋的私有信息,如历次交易情况记录、特殊信息记录等,可供公开查询。保险也是一个重要的环节,美国的产权保险覆盖了影响使用权的物理问题,如煤气管道、排水管道问题等,日本的宅建士保险覆盖了《重要事项说明》中错误信息导致的消费者损失。最后,完善的法律体系和交易过程中的书面信息沟通记录是保护消费者权益的最后一道防线,在日本,法律规定了 1 年的卖方全责期。

二是权属信息的核查制度。发达国家在事前跨部门间信息共享、事后交易风险共担或转移机制上都已形成成熟的体系。在美国,产权信息向公众公开,并几乎完全实现了电子化和互联网化。但是,由于产权信息种类繁多,不具备专业能力的消费者个人难以覆盖所有信息,所以消费者一般选择产权保险公司的产权检查服务,该服务通常涵盖在一份长期有效的产权保险中。产权保险公司可以接入公共数据库加上在交易中积累的私有的数据库,在 24～48 小时内就能出具一份翔实的产权检查报告。在日本,任何人都有权利查询房屋的产权信息,但消费者一般委任专业的司法书士完成检查,司法书士以个人执业资质和职业责任保险作保。

三、中国信息生产、分发与匹配的现状及原因

中国目前二手房交易处于初级阶段,在生产、分发、匹配三个环节上均存在制度性缺陷,用户体验性极差。主要表现在房源信息不完整、重复率高、及时性差、虚假信息泛滥,距离全面、真实、及时的要求相距甚远。虚假房源信息极大地浪费了消费者和经纪人大量的时间和精力,已成为制约行业发展的一大障碍。

参照美国、日本等发达国家的国际经验,中国房源信息混乱的主要原因包括:

一是没有确立书面委托合同。目前,中国房源委托没有强制要求固定的书面房源委托合同,主要为电话委托和店面报盘,都属于口头委托,随意性强,方式缺乏约束力。口头委托的弊端有以下几点:第一,房屋是否符合"真实存在、真实图片"的标准无法检查,经纪人发布虚假信息的违规成本比较低;第二,房屋是否符合"真实委托、真实价格"的标准难以认定;第三,以口头委托的形式,业主为了以高价尽快成交很可能对影响成交的关键信息有所隐瞒,不仅侵害消费者的知情权,在发生纠纷后维权也比较艰难。由于法律缺乏对卖方披露义务的约束,也缺乏必

要的书面证据留存,因此成交后难以追究卖方责任。

二是没有确立独家委托方式。美国基于独家委托对房源生产者有 50% 佣金分配的私有产权保护,才促使 MLS 成为会员间共享真实房源的公开平台。中国实行的开放式委托下对房源信息产权保护不足。由于害怕被其他经纪人"搭便车",经纪公司和经纪人不会主动展示和传播真实准确的信息,公司内部的 ERP 信息无法保证真实。互联网媒体也难以通过对接经纪公司的 ERP 展示真房源。在恶性竞争中,经纪人为了吸引客流常常编造虚假的房源信息。

三是内外网不统一。中国既没有形成类似 MLS 的信息共享平台,也未形成像澳大利亚的 REA 公司,房源信息的分发效率极低。中国参与房源信息分发的主体主要有两类:第一类是传统经纪公司通过互联网发布房源;第二类是媒体性质的互联网公司,由于缺乏交易支撑,其房源信息来自经纪人或经纪公司。中介获得房源信息后,通过分发工具向网站平台分发。由于互联网公司无法对房源信息进行质量控制,无法做到同步更新,这就导致房源信息重复、滞后、错误,虚假信息被网络传播放大。

四是房源信息监管存在真空。相对于美国 NAR(全国经纪人协会)对经纪人行为的严格限制以及 MLS 对于房源信息真实性的保障,中国对房源信息真实性的监管存在缺陷。第一,中国缺乏发布虚假房源处罚问责机制,虚假房源定义不清,标准不统一,加之没有书面委托制度,取证困难,传播违法成本较低。第二,中国目前的房源信息监管只针对传统经纪行业,对于互联网企业发布房源信息的行为没有有效的监管机制,房屋监管部门和网络监管部门均无法有效对互联网虚假房源信息形成约束,亟须成立跨部门联合监管机制。

五是缺乏信息的查验和保障制度。中国房屋物理信息高度依赖于中介公司和买方自查,卖方难以在事实上对信息的准确性、真实性负责。政府公共部门对房屋产权相关信息公开不到位,目前也难以为公众提供全面、及时、有效的信息查询服务。实践中,多数城市相关部门提供的产权信息核查在时间、地点和申请人上都有所限制,在交易热点地区产权核查甚至长达 10 天以上。由于二手房交易手续复杂,在交易中产权状态的变化如果无法及时反馈,也将有可能造成买方资金损失。只有建立起一套交易前公开查询、交易中动态反馈、交易后责任清晰风险共担的信息管理体系,才能彻底解决因信息不准确、不全面而导致交易损失的问题。

四、总结与建议

总体而言,由于二手房市场发育不完善以及相关的监管体系实施不到位,中国的房源信息生产、传播和获取都处于相对混乱无序的阶段,离全面、真实、及时的要求相距甚远。中国房源信息缺乏基础的制度框架和监管体系,在互联网的加速催化下,中国房源信息生产、传播与获取阶段的各种混乱和问题加速暴露出来,严重制约行业的健康规范发展。为了实现房源信息的全面、真实、及时,让用户的房屋交易决策更聪明、更透明、更理性,房源信息的生产和传播需要做出根本性改变。

(一)规范房源委托制度,推出产权信息查询服务

1.全面强制推行房源书面委托制度

全面推行房源书面委托制度,是真房源标准能够落地、房源信息披露制度能够得以规范的先决条件。对于委托出售的房源,卖方应与房地产经纪机构形成书面委托关系,并对房屋基本状况、委托出售条件、委托出售价格、委托形式等进行记录。委托时卖方应出示相关证件,并在委托书上签字确认。卖方拒绝提供资料、提供资料与实际不符的或拒绝在书面委托上签字确认的,房地产经纪机构应当拒绝接受委托,并且不得为没有书面委托的房源提供信息发布服务。房地产经纪机构应当建立委托书编号管理制度,对外发布信息时应连同内部编号一起发布,对外发布的房源编号与委托书应当一一对应。

2.全面推行《房屋状况说明书》制度

在执行《房地产经纪管理办法》第22条之规定的基础上,进一步明确房地产经纪机构、房地产经纪人在房源信息披露中应使用《房屋状况说明书》,以书面形式披露房屋状况、交易关键信息。在获取房源委托时,经纪机构、经纪人应尽快编制该房屋的《房屋状况说明书》;在对外发布房源信息、向消费者介绍房源时,经纪机构、经纪人应以电子媒介或书面形式向消费者提供《房屋状况说明书》;在签约时,应以书面形式提供《房屋状况说明书》并作为合同的附件,与合同具有同等法律效力。卖方应在《房屋状况说明书》中据实披露信息并在该说明书中签字确认;房产中介机构应忠实履行调查义务并对调查结果的真实性负责。为实现统一监管标准,房地产行政主管部门、行业协会可编制《房屋状况说明书》范本供经纪公司使用。

3.加快建立网上产权查询服务平台,向备案的房地产经纪机构以及持证经纪人开放房屋登记信息查询服务

各级房地产行政主管部门应加快网上服务平台建设,暂不具备网上服务平台建设条件的,应开放办事窗口查询功能,并限期推出网上服务平台在线查询服务。凡备案合格的房地产经纪机构,以及持证房产经纪人,可以通过网上服务平台,或是在办事窗口查询房屋产权、产籍信息。房产中介机构应在查询后,以书面形式向客户提供产权调查报告。

(二)完善房源监管体系,规范信息发布制度

1.建立覆盖多元主体的信息监管机制

当前及今后一个时期,随着经纪行业主体多元化发展,一些互联网企业从事房源信息传播服务,一些传统线下中介也开始互联网化,由于这部分监管存在空白,其房源信息的真实性无法得到保证。因此,当务之急需要由住建、工信、工商等部门建立跨部门监管机制,针对信息提供主体,按照"谁发布,谁负责"的原则,建立覆盖多元市场主体的房源信息发布规范。

2.推行房源信息实名发布制度

房地产经纪人对外发布房源信息时,应采用实名发布形式,不得冒充他人名义发布房源信息。提供信息发布服务的互联网平台不得为未在房地产行政主管部门备案的房产经纪机构以及非实名认证的经纪人提供服务,个人房源发布也需要在网站实名登记。

3.建立真房源保证金制度

房产经纪机构、提供房源信息发布服务的互联网平台应在行业协会缴纳真房源保证金,行业协会公开接受社会举报。凡经查实该机构所发布的房源信息不符合"真实存在、真实委托、真实图片"要求的,行业协会有权直接从该保证金中支取罚金,并对举报人进行奖励。提供房产信息发布服务的机构不得为未

缴纳保证金的房产中介提供信息发布服务。

4.建立发布虚假房源黑名单制度

对于发布虚假房源数量较多的房地产经纪人应纳入"黑名单"。除对黑名单进行公示外,还应当要求提供信息发布服务的平台在一定时间内不得为黑名单中的人员提供信息发布服务。提供信息发布服务的互联网平台必须加强对房源信息的真实性核查,建立虚假房源信息曝光投诉方式。消费者也可在中国互联网违法和不良信息举报中心等信息管理部门举报。

(三)优化信息披露制度,建立房源泛评估信息系统

为了提高消费者参与决策的效率和体验,未来需要建立泛评估信息系统,主要包括邻里信息和房屋估值。

1.房源信息披露中增加基础数据

通过政府部门与企业联合,在房源信息中完善如学校、医院、商店、交通、自然灾害、犯罪记录等城市基础数据。

2.建立并规范市场行情信息披露制度

除了必须公开委托合同及《房屋状况说明书》中的信息外,还要公开真实的销售动态供消费者决策,包括房屋被带看的次数、卖方报价调整记录、同小区房源历史成交价格、同期在售房源的报价比较等信息,形成统一的数据库,以便建立房屋估值系统。

第三章

交易制度

- 二手房交易的本质是在合同约束下产权与资金的交换，其环节众多、参与主体众多、信息交互频繁，产权与资金在时间和流程上的错配不可避免地带来风险。

- 二手房交易制度是指从买卖双方对交易条件达成共识到最终房屋产权转移至买方、资金交付卖方整个流程的交易安排，包括房屋检查、产权核验等前期准备，资金分配、文书制作、缴税、登记等中间环节以及交易后的长期服务和保障。

- 安全、效率与体验是交易制度的三个核心诉求。中国二手房交易尚未形成统一的规范流程，可从信息披露及资金监管入手，鼓励支付企业参与，以市场化方式寻求二手房交易安全、效率与体验的最优平衡。

　　二手房交易的本质是合同约束下产权与资金的动态交换过程,不同于一般的商品交易,二手房交易动态过程伴随着信息流、资金流与产权流重叠和时间的错配,交易环节复杂,参与主体众多,涉及新老债权人的进入和退出,交易的长周期伴随着多种不确定性与潜在风险。此外,二手房作为非标准化商品,产权信息复杂,随着市场环境的变化,买卖双方自行完成交易的难度不断增加,风险累积,而任何小概率事件对于买方都是难以承受的损失。

　　在整个交易过程中,参与方的核心诉求在于资金与产权安全、资金和时间效率及顺畅的交易体验。实践中,今天经纪行业饱受诟病的突出问题多半产生于繁杂冗长的交易过程。随着二手房交易量的增多、交易的复杂度提升,提供更加流畅而安全的交易制度已迫在眉睫。完善的交易制度不仅意味着交易安全,也意味着效率与体验的改善,这将使得二手房流通过程摩擦减少,交易更加通畅和便捷,进而带来行业整体效率的提升。

一、二手房交易制度的内涵、要素与现状

(一)内涵:六大关键环节

二手房交易制度的内涵主要包括前期的房屋检查、产权核验,中期的资金监管、文书处理、缴税安排等,交易完成后还需要提供一定的交易后服务以确保房屋在产权和物理状态上与前期披露的状况一致,不存在纠纷或瑕疵(见图 3-1)。

房屋检查是指对房屋物理状态、使用情况、是否有瑕疵等进行信息披露和检查。房屋检查的信息提供者或操作方包括卖方、买方、经纪人和第三方检查机构。

产权核验是指对待交易房屋的产权、债权、户口、学区等附着权利和因使用房屋带来的水电气、物业费的缴纳情况进行检查,以保证买方不必付出超出协议内容的对价。

资金监管是二手房交易制度的核心,也是保证资金和产权安全的基础途径。一般而言,资金监管的主要方式是将房款交

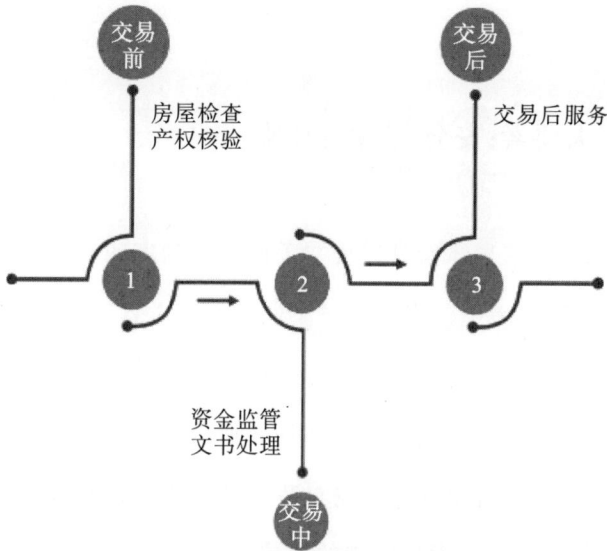

图 3-1 二手房交易关键环节流程图

资料来源：链家研究院整理。

由第三方保管，直到产权交割的进展满足一定的条件，才由第三方支付给卖方。房款应当以怎样的方式存放、如何解决新老债权交替与资金流转错配的问题和满足缴税等资金分流问题是资金监管过程中最难解答的问题。

文书处理是与交易中资金流转相配合而产生的需求。交易流程中文书繁杂、参与方众多，需要多次信息交互和确认，在很多国家和地区都由特定的专业人员完成。

即便交易完成，房屋的产权和物理问题的暴露仍然是持续性的。确认房屋使用过程中出现瑕疵情况的责任方和必要的赔付机制是交易后服务的核心。

(二)三大要素:安全、效率与体验

安全、效率与体验是评价二手房交易制度的三大核心要素,不同的市场环境中三者形成了不同的权衡方式。

首先是安全。安全是交易的基础。安全意味着卖方能够按时收到约定的对价、买方能够如约获得房屋的产权并持续使用。实现交易安全,既要保证交易过程中的资金和产权安全,也需要事后的责任划分与索赔机制的保护。

其次是效率。效率意味着横向上参与交易的各方能够顺畅和及时地沟通信息,纵向上在资金划拨、产权调查、法律文书、交易后服务的环节间建立有效的链接。这个过程需要中间人与买卖双方不断沟通,并确保沟通的效率与准确性。高效的沟通常常能够缩短交易周期和减少交易纠纷的出现。

最后是体验。一次好的体验可以定义为在安全与效率得到保障的前提下,买卖双方在交易流程中耗费更少的时间和精力,具有更好的时间和空间的灵活度,并且能随时把握、了解交易的进展状况。

在二手房交易市场发展的初级阶段,参与者与监管者应不断完善法律法规和各项制度、调整证书文档与资金流转间的钩稽关系、提高从业者的素质和能力,尽可能查找漏洞减少纠纷,保证交易安全。对于交易安全的重视不可避免地带来流程上的复杂化,监管的广泛化和细化。随着交易体量的增加和交易复杂度提高,对小概率事件的风险覆盖必然带来交易效率和消费体验的降低,而且完全消除交易风险也是不现实的。房产交易高单价与低频次的特征令交易双方个人难以承受风险——即便出现的概率很低,这使得在交易的环节中设定责任承担或风险共担的机制成为必需。安全、效率与体验的层次关系如图 3-2 所示。

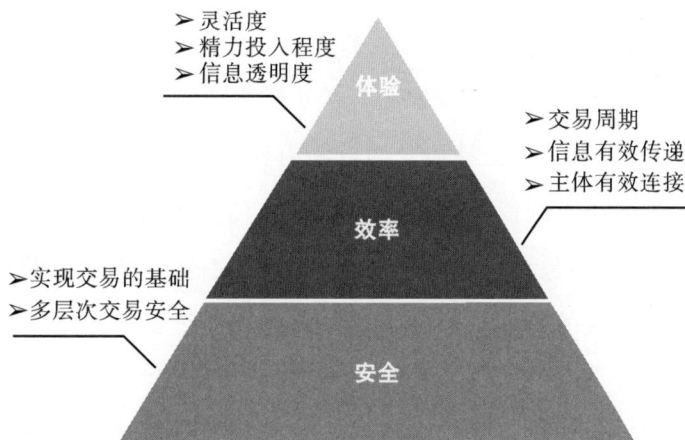

> ➤ 灵活度
> ➤ 精力投入程度
> ➤ 信息透明度

体验

> ➤ 交易周期
> ➤ 信息有效传递
> ➤ 主体有效连接

效率

> ➤实现交易的基础
> ➤多层次交易安全

安全

图 3-2　安全、效率、体验的层次关系

资料来源:链家研究院整理。

(三)背景与现状

二手房交易制度的改革和完善正在变得越来越重要。

第一,二手房交易涉及的资金量越来越大。目前约一半的二手房交易发生在单价较高的一线城市,2015 年北京市二手住宅套均价已高达 330 万元。即便资金流中单笔支付额较小的定金按照 5%计算也已超过 15 万元,更有买方为防止业主跳价主动增加数额,在一线城市动辄数十万元的定金和各类保证金并不罕见,这使得二手房交易的风险也随之增大。

第二,二手房交易涉及的权利内容越来越复杂。二手房交易过程中涉及的资金除首付款以及在商业银行办理的按揭贷款外,通常还包括买卖双方用于确认成交的定金,保证物业交割顺利完成的物业交割保证金,确保能够正常落户的户口迁移保证金,以及在部分交易场景中卖方需要偿还给商业银行的未还清的按揭贷款。每笔资金的划拨都需要确认与之相应的权利内容,比如定金通常在签署买卖合同时由买方支付给卖方;首付款的交割则一般在完成产权转移登记,获得新的房屋所有权证书后;物业交割保证金则是在完成物业交割,买方签署新的物业合同后交付。

第三,效率和体验的提升也更为重要。效率与体验的折损在于时间与场所的局限性和参与交易各方沟通渠道的缺乏。在交易活跃地区,产权核验、缴税和过户等环节排号、抢号现象普遍,产权关系不算复杂的交易耗费长达 2 个月以上的案例也并不少见。反之,时间的拉长又带来交易不确定性的增加。

当下二手房交易制度安排中最突出的矛盾是与交易安全直接相关的资金监管问题,这体现在:首先,资金监管的要求各地没有统一标准,在不要求资金监管的地区,主动监管比例很低。其次,现行的包括政府监管、纯商业银行监管、四方资金监管在内的监管模式主要基于商业银行服务,出于商业考量、流程约束、系统能力等因素导致其无法完全满足消费者的需求。安全方面,政府监管、纯商业银行监管、四方资金监管只能提供首付款的监管。效率方面,受限于商业银行的办理时间与流程时效,与房屋交易的实际需求偏差较大。体验方面,不同城市、不同银行在业务办理中的要求各不相同。比如买卖双方是否必须本人到场,是否需要使用本人银行卡办理业务等,导致消费者在不同银行办理业务时需准备不同材料。另外,部分银行存在强制消费者在本银行开户并办理银行卡的要求。此外,受限于商业银行 IT 系统的能力与特点,上述监管模式在系统的交互体验、监管资金流的呈现、是否能提供官网或者手机 APP 访问方式等方面都存在严重不足。

在房屋核查和产权核验方面,由于缺乏必要的披露制度和动态的信息反馈体系,对买方权益的保护仍十分薄弱。特别是在产权核查上,产权信息未实现联网,交易方无法及时获知抵押、查封等状况，而且产权核验在时间、地点、经办人上的限制较多，在交易活跃地区产权核验时间周期过长。

二手房交易制度的历次改革基本都着眼于改善交易安全，主要途径是增加行政力量的投入和由政府控制的交易环节，但是在二手房市场交易压力日渐增大的今天，单纯依赖行政力量的投入已难以完全消除风险、疏解新增交易需求造成的拥堵，是极为缺乏弹性和高成本的解决方案。

二、不同国家的交易制度比较

任何交易制度都是安全、效率、体验的权衡，不同国家对于二手房交易制度的选择并不相同（见图 3-3）。在不同的制度土壤中，各国生长出不同的二手房交易制度模式：(1)市场化、产业化交易制度——交易量极为活跃的美国结合采用资金监管制度与产权保险制度；(2)独立第三方司法主体制度——交易相对不活跃的日本、交易活跃但参与主体单一的英国均采用了独立第三方司法主体制度；(3)综合交易制度——交易活跃且采用具有登记效力的托伦斯登记制①的中国台湾地区,糅合了日本独立第三方司法主体与美国市场化资金监管制度。不同交易制度的国际经验表明,交易流程的市场化与专业分工对于保障交易安全、提升交易效率与体验具有重要的作用。

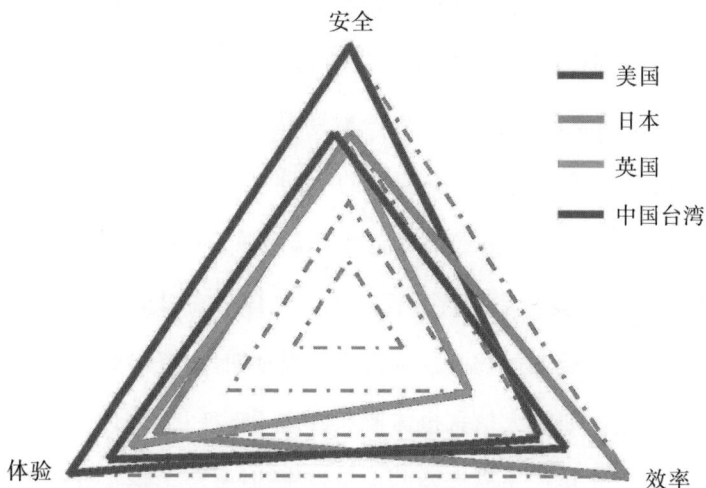

图 3-3　不同交易制度下安全、效率、体验的权衡

资料来源:链家研究院整理。

---

① 托伦斯登记制度是指登记机关对产权转让文书进行实质性审查后,将新产权人名字记录于登记簿,并由登记机关颁发给受让人一份正式的产权证书,因此该土地登记是具有公信力的。

新中介的崛起与房地产价值链的重构

(一)交易制度的安全

二手房交易制度的核心要素和基础在于交易安全。无论何种市场,长期以来交易制度改善的初衷多为提升交易的安全性。

二手房交易中的风险与一般商品交易不同,表现为风险来源以及交易风险损失影响程度的不同。

从风险来源上看,二手房交易风险来源于资金与产权交换上的时间错配。一是住宅的所有权并不完全体现在对房屋的使用和占有上,而是需要通过政府权威机构颁发证明,所有权信息只能在政府查询,更改所有人信息也需要在政府重新登记,这必然花费一定的时间;二是房产交易涉及的大量资金,其来源包括买方个人和银行,资金支付的过程与产权交割的前后顺序十分重要;三是房产资金的划拨通常分多批进行,从意向金、定金、首付款、贷款到物业保证金、户口保证金等,代表的权利内容又并非完全割裂。因此,产权与资金的交换往往不能同步转移,存在时间上的错配。

从风险影响上看,相对于其他普通商品交易风险,房产交易风险损失的影响程度更大。房产交易资金往往数额巨大,即便整体风险概率不高,但对于当事人来说这样一笔大额损失通常难以承受。这既需要法律层面对交易责任能够明确认定,对交易双方施以保护,同时也需要建立起风险共担或风险转移的机制。

消除资金与产权交换上的时间错配风险是很多国家或地区解决二手房交易安全问题的着力点。一种方式是日本实行的将资金与产权交换的时间与空间集中于一点,直接解决时间错配的问题。另一种更主流的方式是美国、中国台湾、英国等国家和地区实行的资金监管,即由第三方托管买方资金并在完成过户或达到一定解冻条件后向卖方支付,主流市场在资金监管上的比例都很高。

1.日本:消除错配风险的制度安排

日本通过交易流程的设置,将资金与产权交换的时间集中于一点,制造了"一手交钱,一手交货"的交易环境,解决了大部分时间错配的问题。同时,日本交易制度于交易流程中引进司法书士这一独立第三方参与主体,保障交易安全。

日本房产交易最重要的节点在于"最终交割日",当天买卖双方、参与交易的司法书士、经纪公司人员悉数集中于银行(一般为买方贷款银行),当天余款、贷款的支付与产权过户同时进行。见图 3-4 所示。

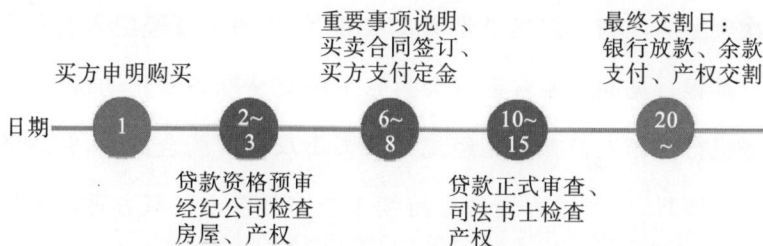

图 3-4　日本二手房交易时间节点

资料来源:链家研究院整理。

新中介的崛起与房地产价值链的重构

(1)日本典型的二手房交易流程

第一步:买卖双方达成交易意向,经纪公司开始进行产权调查,包括向法务局申请产权调查、房屋的物理状况调查、税费的清算、物业费缴纳状况查询、水电气的检查等,通过产权调查,保证了房屋产权的清晰及可交易性。

第二步:检查完成后,经纪公司通知双方可以交易,买卖双方雇佣司法书士。卖方司法书士的主要职责是协助卖方处理原抵押问题,流程比较简单,因此可以双方各自雇佣1名,也可以仅买方雇佣1名。在预备签约阶段,不动产公司派宅建士向买方当面进行重要事项说明,通常说明会长达2~3个小时。买方认可后签字并支付定金。

第三步:买方自主或在司法书士的协助下向银行申请贷款。司法书士进行产权调查。银行批准房贷后,通知买卖双方到现场交割。

第四步:最终交割日当天司法书士重新确认一遍产权。一次典型的现场交割场景是买卖双方、司法书士及经纪人在买方贷款银行见面。通常银行会为二手房交易准备专用的房间,并派银行工作人员参与。经纪人向买卖双方宣读合同书,并逐条进行解释,这个过程通常会持续1个小时以上。双方理解并同意后,现场共同签字,银行向买方账户存入贷款,买方同时存入扣除定金外的首付金。

第五步:如房屋尚有旧抵押未还清,等全部资金到账后,买方、卖方、经纪人和司法书士一起前往旧抵押银行,现场还清贷款,并得到银行的贷款结清证明书,司法书士和卖方各自保存一份证明书。还清旧贷款后,买方、卖方、经纪人和司法书士再返回交割银行继续办理手续。

第六步:经纪公司提供完善的资金分配方案,包括买方需要向卖方支付卖方预付的固定资产税、物业费等以及其他费用,双方认可签字。银行按照资金分配的方案向卖方支付剩余房款,支付完成后司法书士当场要求买卖双方在产权过户的文件上签字,至此双方当事人亲自出面的环节已全部完成。

第七步:一般当天司法书士携带所有材料向法务局提交房主变更申请,代买卖双方完成登记。新"房本"在一周左右时间寄到买方处。值得注意的是,日本的"房本"记录了房屋历次的交易及贷款、还款记录,包括时间、交易双方姓名、贷款金额、贷款利率、还款时间及还款数量。

(2)日本交易制度安全保障因素——独立第三方司法书士

日本房产交易制度中引入的独立第三方司法书士是二手房交易过程中的重要参与者,对整个交易过程中产权的安全负责。由于日本在最终的交割日实行"一手交钱,一手交货",因而日本在二手房交易过程中不存在资金和产权交割时间的错配,亦不存在资金的沉淀与卖方挪用贷款的情形。但是,司法书士的产权检查对于保护买方的权益,减少交易后房屋产权纠纷是非常有必要的。司法书士是基于《司法书士法》设定的国家资格,专

新中介的崛起与房地产价值链的重构

职对不动产登记、法院诉讼、民间债务等进行文件整理,也可以进行民事诉讼代理,其中不动产交易的流程协助是最主要的工作。司法书士每年资格考试通过率不足 3%,与律师不同,后者主要是针对纠纷的辩护,而司法书士是民事流程特别是民间经济活动的协助者。

司法书士行业至今已有超 100 年的历史。成为司法书士需通过每年一次、通过率不足 3% 的资格考试,或有裁判所事务官、检察事务官等 10 年以上的工作经验,并要通过背景调查和在司法书士协会备案。日本司法书士从业者人数超过 2 万人,事务所超过 8 000 余家,行业年收入 100 亿日元,市村乡镇覆盖率为 78%,远高于 33% 的一般律师覆盖率(见图 3-5)。由此可见,日本对司法书士设立较高的职业准入门槛与司法书士行业房产交易的高覆盖率对交易安全具有重要的意义。

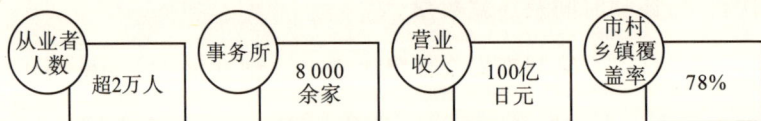

| 从业者人数 | 超2万人 | 事务所 | 8 000余家 | 营业收入 | 100亿日元 | 市村乡镇覆盖率 | 78% |

图 3-5　司法书士行业规模(2012 年)

资料来源:链家研究院整理。

在房地产领域,司法书士不仅负责房产一般买卖,赠予、继承、融资等各种与产权相关的活动都需要司法书士参与。对于普通房产交易,司法书士的主要工作包括对房屋产权过户手续的协助、买方房贷材料的整理和办理以及原抵押权申请解除等。

在整个交易过程中司法书士自始至终不接触客户资金,只在流程和文书上进行协助,并且,司法书士只关注于法律层面的产权安全与交割,房屋本身的物理状况需交给宅建士负责。

不动产交易并不强制要求使用司法书士,普通居民也可自行完成所有流程。但是司法书士大大减轻了交易双方的工作量、减少了交易风险,法律赋予司法书士全权代表当事人的权利,如产权核验、缴税、在法务局办理过户手续等都无须买卖双方参与,因此几乎所有的交易都有司法书士参与。

一般而言,一次交易中一名司法书士就可以完成全部工作,经纪公司也常会向买卖双方推荐熟悉的事务所,但法律禁止经纪公司向司法书士索取回扣或介绍费。司法书士不参与任何谈判或协商,只作为独立的第三方完成产权调查和协助文书处理与产权交割工作。司法书士主要职责见图 3-6 所示。

(3)日本交易制度的先决条件

日本之所以形成"一手交钱,一手交货"的交易制度,与其特有的制度土壤和社会国情密切相关。

首先,需要具备守时、诚信的社会环境。现场交割需要五方悉数在场,一次交易过程通常持续 3 个小时,有时还需在两家银行间折返,这需要协调各方时间。日本国民普遍具有守时、严谨的社会习惯,通常买卖双方能够遵守最终交割日时间、场所、证件、合同等方面的必要约定,对不具备弹性和协商空间的交易方式也能够完全认可和严格遵循。

新中介的崛起与房地产价值链的重构

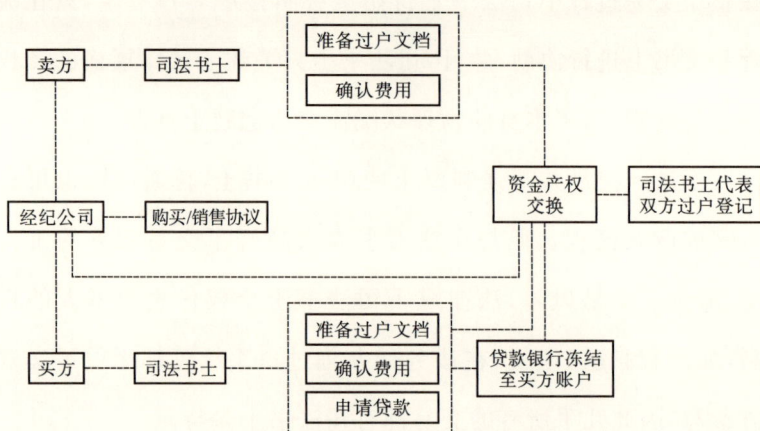

图 3-6　司法书士主要职责

资料来源：链家研究院整理。

其次，参与交易的经纪人、司法书士、银行人员需具备较高的职业素养，能够接受并执行严谨的工作流程规定，在最终交割日前准备好所有需要的材料，一次性在现场办好所有交割手续，提高交易的一次成功率。

再次，银行方面在场地、人员上的高度配合。日本银行对私金融产品较为单一，同质化业务竞争激烈，有较强动力为个人住房贷款提供更优质的服务吸引客户。

最后，日本住宅流通率较低，最为活跃的东京都全年流通的二手房也仅有 12 万套，具备充裕的交易时间、空间而不会造成大规模排队和拥堵现象。对于流通率更高、二手房交易分布不均衡的地区来讲较为困难。日本房屋流通率状况如图 3-7 所示。

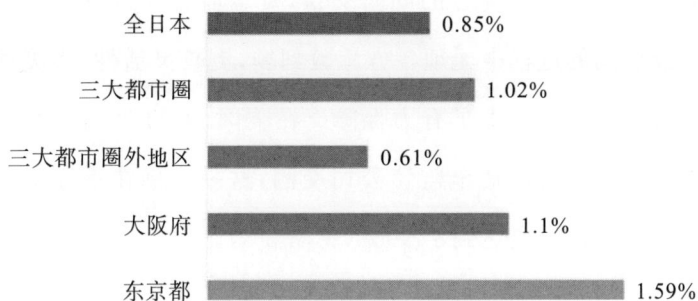

图 3-7 日本房屋流通率状况

资料来源:链家研究院整理。

2.美国:资金监管与产权保险双重保障的交易制度

美国是二手房交易最活跃的地区之一,年均成交量达 500 万套,占所有住宅成交的九成。美国的二手房交易兴盛于二战之后,在发展过程中形成了以资金监管公司为核心的交易制度安排,连接产权保险、经纪公司、房屋检查等多个专门行业的市场化模式。

资金监管的含义是,买方将资金交由不代表任何一方利益的独立第三方保管,直至产权交割手续完成或达到一定解冻条件,再由第三方支付给卖方。因为房产交易围绕资金与产权的转移,所以资金监管也是控制整个流程的核心,纵向连接着产权检查、房屋检查、文书处理、事后保证等各个环节,横向也连接着买卖双方及其他参与方。

由于资金监管公司的介入,原本时间和资金的错配汇集到一个体系中流转,缓冲了错配期限,保证了资金和产权的安全。

新中介的崛起与房地产价值链的重构

不同于日本产权和资金的同时交付,资金监管在进行资金划拨和产权交割的过程中无须各方悉数到场,更具灵活性,为美国二手房市场的繁荣提供了有力保障。在美国,大约98％有经纪人参与的交易都通过资金监管公司交割,这一比例在不经中介的私人交易中甚至也达到了90％(见图3-8)。

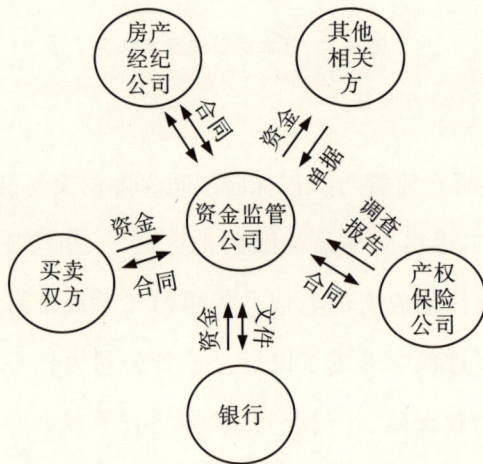

图 3-8　资金监管公司主导下的资金和文件传递

资料来源:链家研究院整理。

(1)美国典型的二手房交易流程

美国二手房交易制度引入第三方参与主体资金监管公司,与产权保险公司一起保障交易安全。在此制度下,交易流程安排较为复杂,但交易流程的工作量则由资金监管公司与产权保险公司内部消化(见图3-9)。

具体来看美国典型的一次二手房交易的具体交易流程及其

78

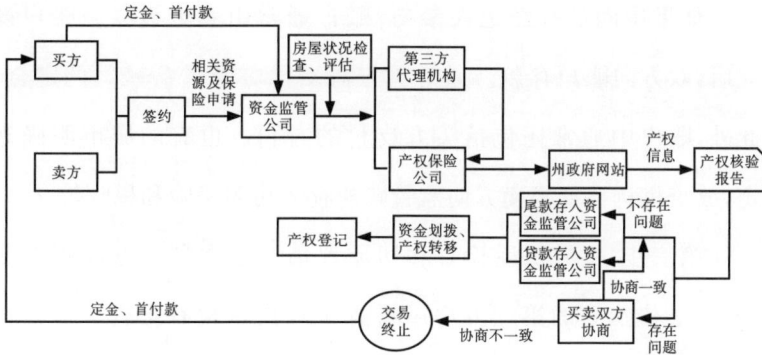

图 3-9　美国资金监管公司与产权保险公司参与下的二手房交易流程

资料来源：链家研究院整理。

相应的时间节点（见图 3-10）。

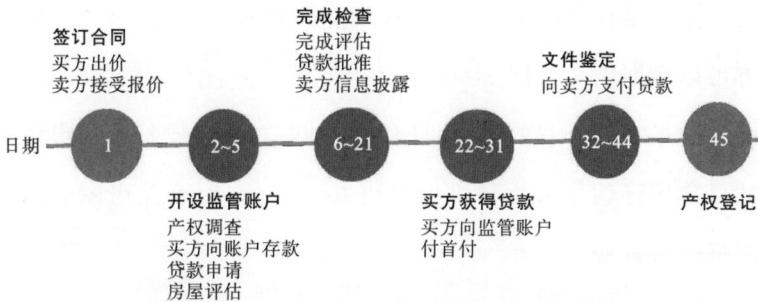

图 3-10　美国二手房交易的时间节点

资料来源：链家研究院整理。

　　第一步：交易双方达成交易意向并对选择雇佣哪家资金监管达成一致。

　　第二步：开设资金监管资金账户。其原则上既可以由买方设立，也可以由卖方设立，或者由买方经纪公司和放贷机构设立。如果中间没有经纪人参与，账户通常由卖方设立。账户设立后，双方向账户存款。通常买方需支付房价 1⅟₂％～2％的定金。此外，账户中通常还包括买方支付的首付。也有的城市明确规定，放贷机构会要求卖方向监管账户存入房屋保险和税收等。

第三步：买方房屋检查和房屋评估。通常是买方雇用专业的、有工作执照的第三方房屋检查机构出具检查报告。卖方在出售房屋之前，也可能会聘请专业的白蚁检查师和屋顶检查师去检查房屋的白蚁状况和屋顶状况，并将检查结果形成报告，以便卖家在房屋买卖时将该报告呈现给买家。作为房屋检查的一部分，买方可以根据相关检查结果向卖方提出维修要求。如果这些要求是在合同中注明的，且维修没有获得卖方的认可，则买方可以撤回购买合同。

如果需要贷款的话，签订合同后，买方会向放贷机构申请贷款。房屋评估是由放贷机构提出并执行的，以确保房屋的价值不低于贷款额。

第四步：产权调查。产权调查的目的是保护买方和债权人，除了南加州外，产权保险公司和资金监管公司通常是一体的。产权保险公司通过查询公开信息获取房产的产权转移记录、抵押记录、遗嘱、离婚判令、法院判决、纳税记录、留置权等信息，出具一份报告给买方，来说明该房子的产权是否"干净"。如果房子的产权没有问题，买方会把首付款打入监管账户。同时买卖双方还应把各自承担的资金监管费用及产权保险费存入资金监管账户。如果产权存在问题,需要协商,协商不成交易可以终止。

第五步:资金监管公司在买家贷款汇入监管账户后的 24 小时之内会完成产权的交割事宜。主要包括还清卖家欠银行的贷款(如有)、还清卖家其他抵押贷款、将剩余资金划拨给卖家,将产权保险费用和资金监管费用、房地产经纪人费用的划拨,并制作新的产权登记证。

第六步:在完成资金划拨和产权转移的第二天,资金监管公司的工作人员会拿着新的产权登记证到政府相关部门进行产权登记,从登记到发放新的产权登记证明大约需要 1 个月。

(2)美国安全保障因素——以资金监管制度为核心

美国二手房交易中的资金监管高度市场化和产业化,绝大部分通过资金监管公司完成。资金监管公司的出现使得原本产权交割时间和资金的错配汇集到一个体系中流转,并在最终交割日实现了"一手交钱,一手交货",保证了资金和产权的安全。资金监管是一个业务而非特指一个行业,有权操作资金监管的主体非常多元化。单纯从事资金监管业务的公司规模通常不大,一般只有十几或几十名员工,服务于本地的二手房交易。这类独立资金监管公司需申请资金监管牌照并缴纳保证金,并处于严格的监管之下。此外,约有一半的资金监管是由产权保险公司、经纪公司或律师完成。由于各自受到所在行业的监管,通常无须额外牌照即可从事资金监管。据测算整个产业的规模至少为 122 亿美元。美国各类资金监管公司占比如图 3-11 所示。

新中介的崛起与房地产价值链的重构

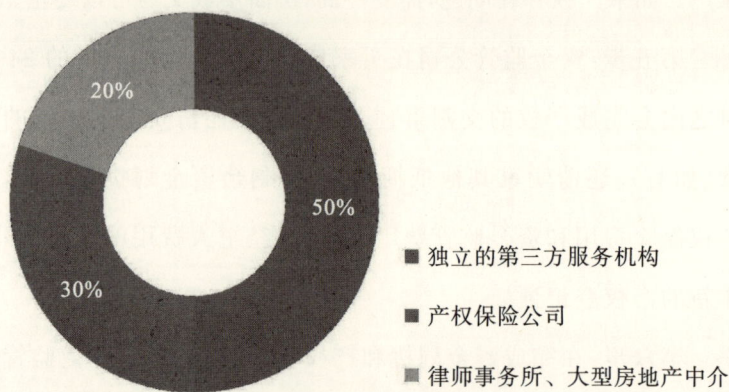

图 3-11　美国各类资金监管公司占比图

资料来源：链家研究院整理。

（3）美国交易制度形成原因

美国形成以资金监管行业为主导的市场化的资金监管模式有其必要的社会现实条件：①资金监管起源于美国的中间人制度，兴盛于交易金额巨大的不动产交易。为了避免买卖双方之间的欺诈和纠纷，保证交易过程中的资金和产权安全转移，不动产交易服务业随着美国经济的发展逐步专业化，发展出了资金监管制度。可以说，资金监管生而就是为了解决二手房交易中的资金和时间的错配服务的。②市场空间足够大。美国二手房流通率平均约为 5％，交易量超过 500 万套，平均用于交易环节的费用支出超过数千美元，资金监管业务和产权保险业务的收入均超过百亿美元，能够支撑行业独立发展。特别是产权保险行业具备明显的规模经济，前 4 家产权公司市占率超过 70％，最大的 FNF 公司市占率超过 30％,市值达 90 亿美元。③政府给予足够的空间。这体现在,一是政府在二手房交易中参与度极低,除了颁发最终的产权登记证明外,几乎未参与交易中的任何环节。二是政府出台了指导业务细节的资金监管法令,给出了资金监管的操作规范,使得行业能够有法可依、健康发展。三是政府在政策上几乎没有对公司从事资金监管业务过度限制,在不违反操作规范的前提下,充分给予第三方创新服务的空间。④公共信息的可获取程度及获取的便利性较高。产权信息完全向社会公开并在多数地区已实现互联网化,例如产权保险公司 FAF 在印度的海外团队可离岸完成大部分产权调查工作。

3.中国台湾地区:独立第三方司法制度与资金监管制度并存

中国台湾地区二手房交易传统深受日本影响,交易流程中有类似于司法书士的独立第三方司法主体地政士参与,主要从事房屋权利的真实性核验、再次产权调查、协助产权转移登记等工作,提高交易的安全性。同时,由于缴税环节的产权转移早于资金支付,无法像日本一样集中在同一时间、空间完成交割手续,仍然造成了资金与产权的时间错配问题。参考美国资金监管,中国台湾二手房交易中引入了第三方资金监管,其中"成屋履约保证"是较为主流的方式,通常由"建筑经理公司"(以下简称"建经公司")承担。新老债权交替中通过"代偿制度"实现银行间贷款资金结算,在银行间代偿制度中买卖双方的贷款银行可以

新中介的崛起与房地产价值链的重构

自行进行贷款资金的划拨,从而将买卖双方与银行贷款进行隔离,减少了卖方挪用银行贷款的风险(见图 3-12 和图 3-13)。

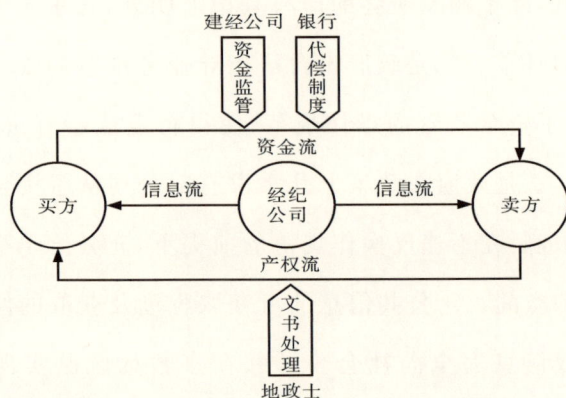

图 3-12　地政士与资金监管制度并存的交易制度

资料来源:链家研究院整理。

中国台湾二手房交易流程分为定金、签约、用印(过户文件准备)、缴税过户、交房等五个重要环节,习惯上买方资金交付节点也分为定金、首付款、多次中间款与尾款。其中定金在签约时转化为首付款的一部分,资金结构通常为首付款(签约款,10%)＋中间款(用印款,10%)＋中间款(完税款,10%)＋尾款(贷款,70%),见图 3-14。

(1)中国台湾地区典型二手房交易流程

第一步:交付定金。买卖双方达成交易意向,买方支付定金。确定协助交易的地政士与资金监管的建经公司,房屋中介机构则开始着手产权调查,通过初步的产权调查确认房屋卖方

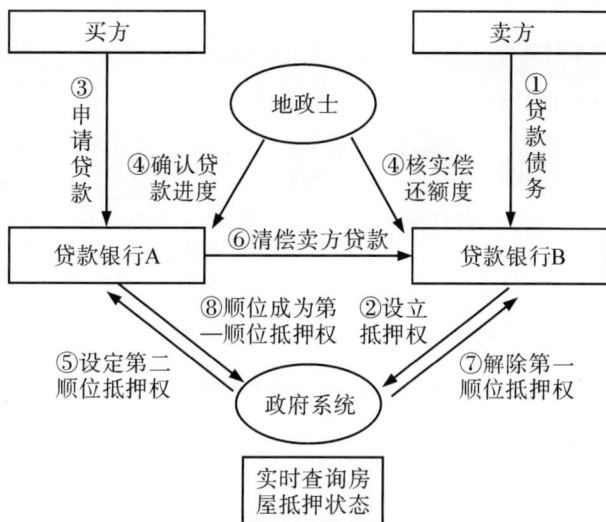

图 3-13 中国台湾地区二手房交易的银行代偿制度

资料来源：链家研究院整理。

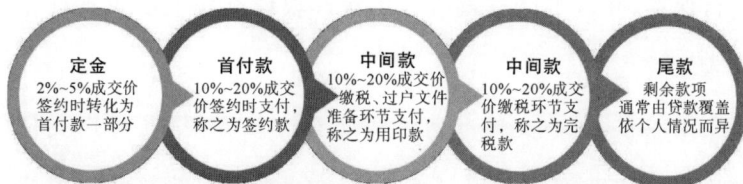

图 3-14 中国台湾地区二手房交易资金结构

资料来源：链家研究院整理。

是否是该房屋的合法拥有者。如果卖方资质没有问题，则买卖双方可以准备签约。

第二步：签订合约。在地政士协助下买卖双方签订房屋交易买卖合同，选择资金监管时签订建经公司提供的《不动产交易

新中介的崛起与房地产价值链的重构

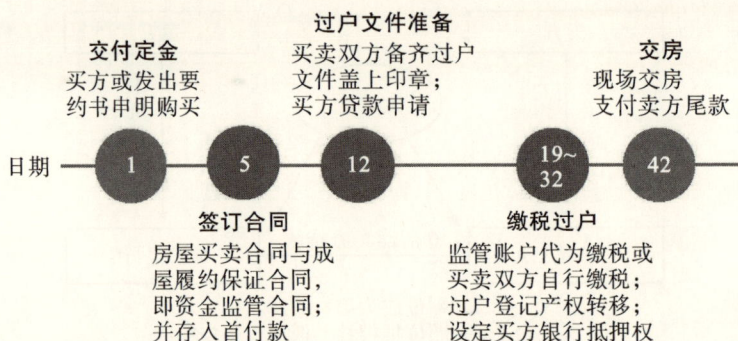

交付定金
买方或发出要
约书申明购买

过户文件准备
买卖双方备齐过户
文件盖上印章；
买方贷款申请

交房
现场交房
支付卖方尾款

日期 ——（1）——（5）——（12）————（19~32）——（42）

签订合同
房屋买卖合同与成
屋履约保证合同，
即资金监管合同；
并存入首付款

缴税过户
监管账户代为缴税或
买卖双方自行缴税；
过户登记产权转移；
设定买方银行抵押权

图 3-15　中国台湾地区二手房交易关键时间节点

资料来源：链家研究院整理。

履约保证申请书》与《不动产交易履约保证合同》。地政士代发履约保证书，同时买方将首付款（成交价的 10％～20％）存入建经公司开立的监管账户，地政士将相关合同文件交送建经公司进行保存，并着手产权调查。本次产权调查较上次更加详细和深入。

第三步：过户文件准备。买卖双方备齐报税、过户文件并加盖个人印章交由地政士审核。在此期间，买方可自主或在地政士协助下向银行申请贷款，确定贷款额度，完成贷款手续。买方存入中间款（成交价的 10％～20％）至建经公司监管账户。

第四步：缴税过户。地政士代为申报相关税费，并通知买卖双方缴税或由建经公司监管账户代缴；地政士将已缴税税票贴于房屋交易合同后至地政机关办理过户登记，若买方采用按揭贷款,需为买方贷款银行设立新的抵押;同时,买方需开立以等同尾款(首付、中间款以外金额)金额、以卖方为收款人的担保本票交由地政士;若房屋无抵押贷款需要清偿,买方需将银行贷款汇入监管账户中。

第五步:监管账户清算与交房。在缴税过户与交房节点之间,监管账户进行清算,核对监管账户收支明细,核实经纪公司佣金、履约保证费用以及买方存入额度;卖方房屋若有抵押,需地政士协调买方银行贷款资金偿还卖方原有贷款,解除抵押;买卖双方在经纪人或地政士陪同下办理交房手续;交房完成后,地政士将担保本票返还买方,建经公司将监管账户中的资金存入卖方金融账户,结束资金监管。

(2)中国台湾地区交易安全保障因素——综合制度

中国台湾二手房交易制度不仅深受日本影响,引入类似于日本司法书士的地政士参与交易流程,负责房屋权利真实性的核验、再次产权调查、协助产权转移登记等工作,提高交易中的安全性,同时还参考美国资金监管制度,引进建经公司对资金安全负责。目前,在大城市由建经公司进行资金监管的比例可达九成以上,远高于小城市或农村地区,大型连锁经纪公司建经公司资金监管比例远高于小型经纪公司。由此可见,中国台湾二手房交易制度通过引进地政士与建经公司,并在交易流程的高比例覆盖,保障了交易安全。

建经公司起初服务于中国台湾新房市场,主要功能是:①新

新中介的崛起与房地产价值链的重构

房预售款的监管方;②协助开发商融资并作为贷款的监管方,旨在开发过程出现问题时保障银行及消费者的资金安全。为提高二手房交易安全性,作为交易流程服务的辅助,1996 年信义房屋与台新银行首次合资成立了专业从事二手房资金监管的建经公司安信建经。随着中国台湾二手房市场交易规模扩大,一方面大型经纪公司纷纷与银行合作,成立了自己的建经公司,业务也不仅仅局限于自己成交的项目,例如安新建经 2009 年从安信建经剥离,服务于非信义房屋成交的履约保证;另一方面老牌建经公司也逐渐进入二手房资金监管市场。台湾地区建经公司的历史演变如图 3-16 所示。

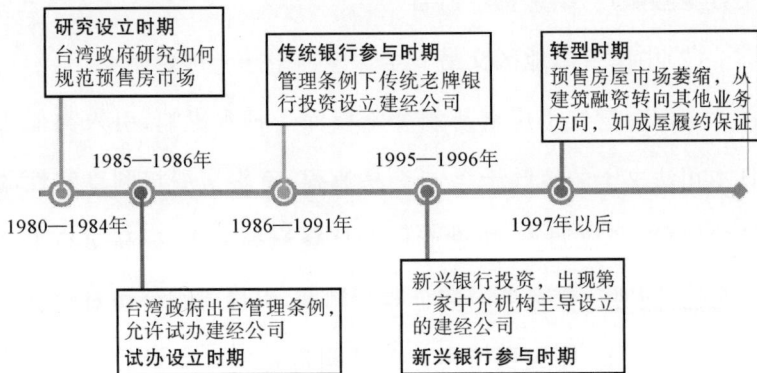

图 3-16　中国台湾地区建经公司历史演变

资料来源:链家研究院整理。

由于建经公司负责交易资金安全的特殊性,其设立条件、监管要求、公司章程、业务范围等有严格的规定。中国台湾从事二手房资金监管的建经公司多是由经纪公司与银行合资设立的,一方面是由于《建经公司管理办法》中明确规定了建经公司银行必须持股 30％以上，另一方面银行的参股也使得资金监管更容易获得交易双方的信任。

中国台湾地区 2015 年二手房成交 29 万套（见图 3-17），交易 GMV（成交总额）近 6 000 亿元人民币。按照 70％建经公司渗透率与 GMV 万分之五的收费标准，相对应行业总收入约合 2.1 亿元人民币。此外，监管资金产生的短期利息也归建经公司所有，按照年化 0.3％的活期储蓄利率和 40％的资金监管单量（即监管资金占总房款的比例）计算，全行业的利息收入约合人民币 0.5 亿元。

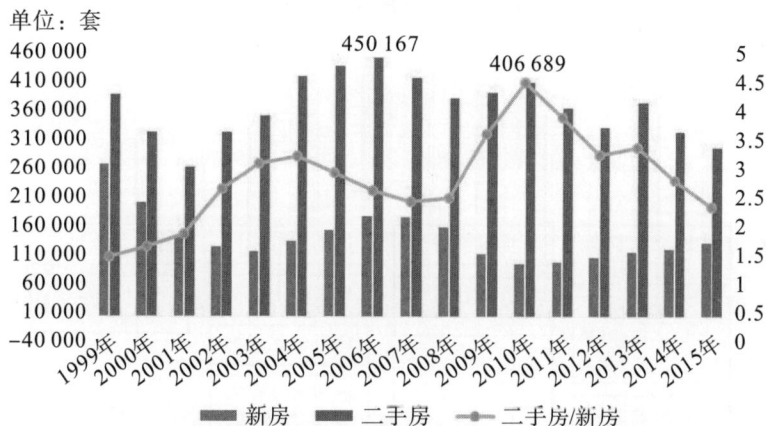

图 3-17　中国台湾地区房屋交易活跃度

资料来源：中国台湾不动产资讯系统、链家研究院整理。

中国台湾地区二手房交易中另一个重要的参与方为地政士（见图 3-18）。中国台湾有 90％以上的二手房交易会聘请地政

新中介的崛起与房地产价值链的重构

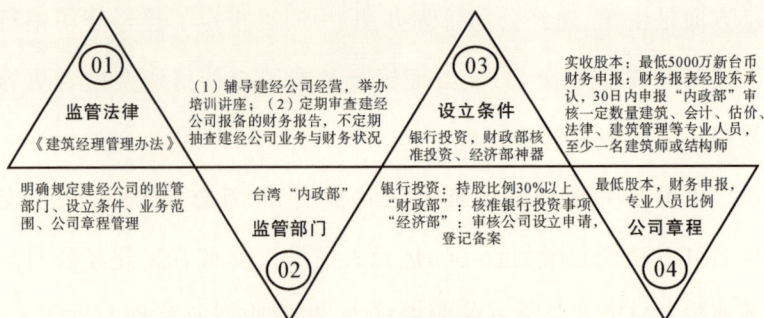

图 3-18　中国台湾地区建经公司监管体系及设立条件

资料来源:链家研究院整理。

士协助产权转移、代理文书处理与申报。中国台湾共有约 1.1
万名地政士,地政士参与二手房房屋买卖比例达 90％以上,远
高于资金监管比例(见图 3-19 和图 3-20)。

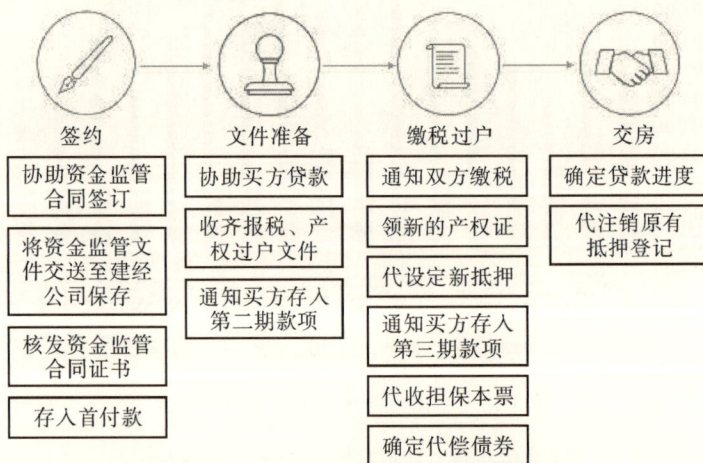

图 3-19　二手房交易流程中地政士办理事宜

资料来源:链家研究院整理。

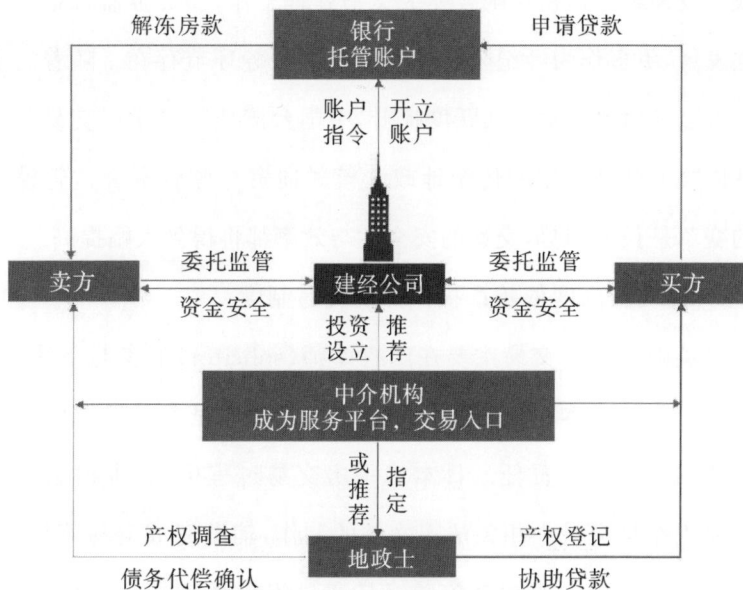

图 3-20　中国台湾地区建经公司与地政士的参与方式

资料来源：链家研究院整理。

与日本不同的是，中国台湾地政士可兼具不动产经纪人执照，且大多数建经公司、代销公司、经纪公司均拥有特定合作地政士，地政士在交易流程中独立第三方角色被有所削弱，地政士由独立行业逐渐转变为建经公司、代销公司或经纪公司的附属行业。

（3）中国台湾地区交易制度的发展趋势

与美国相比，建经公司的资金监管有以下区别：①中国台湾资金监管只覆盖部分贷款，用于解除抵押房屋中贷款的资金则由银行间结算代偿；②建经公司不能独立完成资金监管，仍需和地政士及经纪公司密切配合完成文书处理工作;③资金监管难以独立发展,更多作为经纪公司提供的交易服务环节存在。随着二手房资金量增大及交易活跃度提升,中国台湾地区二手房交易制度从以文书处理为主的传统地政士模式向资金监管资金监管模式的变革是长期趋势,交易的安全性与效率都将得到大幅提高。

4.英国:高度依赖产权律师的交易制度

英国二手房交易主要在产权律师(solicitor)的参与下完成,交易流程与日本相似,但是产权律师在该过程中承担了比日本司法书士更多的责任。日本二手房交易过程中,日本司法书士主要工作是交易中相关法律文件的制作,辅助完成交易流程,买方贷款和卖方未清偿贷款最终是通过银行系统进行划转,司法书士在该过程中只承担了鉴证的作用,而英国的产权律师除了制作文件和辅助完成交易流程外,还直接参与到资金的监管过程中来。英国二手房交易时间节点如图 3-21 所示。

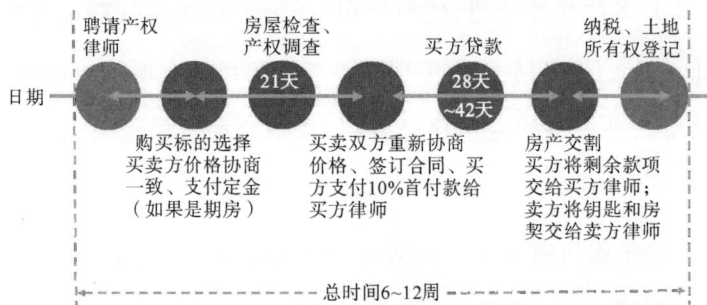

图 3-21　英国二手房交易时间节点

资料来源:链家研究院整理。

英国主要是通过买卖双方的代理产权律师来解决交易中资金和产权交易时间错配所造成的资金和产权安全问题。从资金安全的角度看,在英国,购房款始终由产权律师经手,而不是直接从买家账户汇入卖家账户,包括买方申请的银行贷款,也是先转账到买方律师账户。购房资金必须在确认交易后,由买方直接汇入买方律师行的银行账户,只有买方产权律师确认所有的法律手续已完成,才会将资金转给卖方律师行,现金交易是不允许的。产权律师必须有房产职业资格及投保职业保险,因此,律师私自挪用资金的案例几乎为零。一旦发生私自挪用,英国律师协会(每一个律师都是其中的成员)有义务补偿买家被骗取的资金。从产权安全的角度看,英国所有的房产在国家土地登记局(UK Land Registry)都有电子注册,任何人都可以通过国家土地登记局进行房产信息的查询。房产交易完成后,买方律师会帮助房子的买家向国家土地登记局进行登记,登记完成后,买方即为房产的合法拥有者,以后即使丢失了房产证,也不会对买方的产权产生任何影响。

(二)交易制度的效率

交易效率取决于不同交易环节有效衔接与不同参与主体的有效沟通下产权流与资金流匹配的顺畅程度,直观体现为交易周期与交易费用加总的交易成本。其中,交易周期表明时间成本的投入,交易费用则表明交易流程中除佣金与税收之外资金成本的支付。

不同交易制度中流程安排与参与主体的差异导致交易效率存在显著差异。美国交易制度中,资金监管公司成为交易流程的核心,连接产权保险、房屋检查、文书制作,平均交易周期为30~50天,交易费用主要由资金监管费用与产权保险费用构成,达1.7万~2万元人民币,交易成本较高,交易效率居中。日本交易制度中,经纪公司为交易流程的核心,衔接房屋检查、资金监管与司法书士的文书制作,交易周期仅为20天,消费者只需额外支付司法书士费用6 000元人民币,交易成本低,交易效率高。中国台湾交易制度中,与日本类似,经纪公司成为推进交易流程的核心因素,交易周期为28~35天,交易费用不超过5 000元人民币,交易成本低,交易效率高。英国交易制度下,产权律师负责所有交易流程的推进,包办房屋检查、资金监管传递与文书制作,交易周期长达42~84天,交易费用为4 720~14 000元人民币不等,交易超长周期与高交易费用导致英国二手房交易效率极其低下。

总体来看,以交易周期与交易费用作为衡量标准,日本与中国台湾以经纪公司为核心的模式交易效率高,美国以资金监管为核心的模式交易效率次之,英国以产权律师为核心的模式效率最低(见图3-22)。

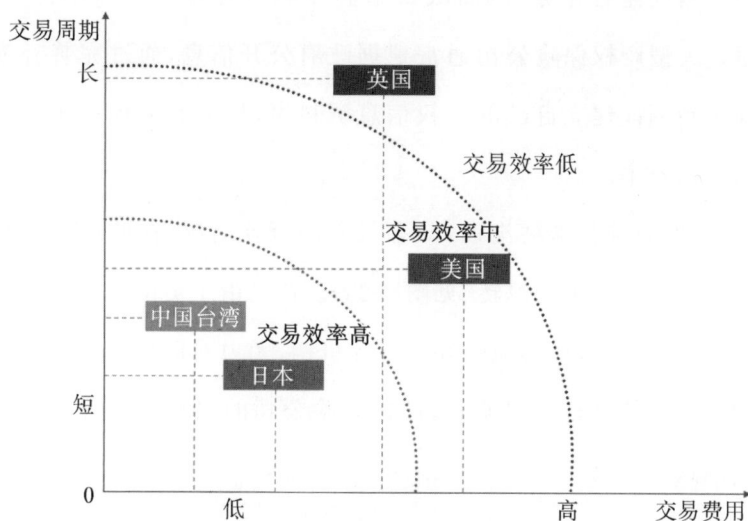

图 3-22　不同交易制度交易效率比较

资料来源：链家研究院整理。

1.美国：资金监管公司主导下的效率

美国二手房交易流程中参与方众多，其中资金监管公司是联系买卖双方、房产经纪公司、产权保险公司、银行及其他利益主体的纽带，是保证资金、权利和合同顺利交接的责任人。资金监管不仅是资金监管方，同时也是交易流程的主导方，需制作相关文书合同并与买卖双方及各自房产经纪人以及产权律师联系，推进交易进程。

资金监管公司的主导作用体现为以下几方面：

（1）寻找合适的产权保险公司开展产权调查和保险承保事宜。在美国，除了南加州外，产权保险公司一般兼具产权保险业务与资金监管业务,从而减少企业外部沟通成本,提高工作效率。大型产权保险公司通常根据政府公开信息,通过完善补充和重新编译建立自己的产权信息资料库,从而大大提高了产权调查的效率。

(2)与银行深度沟通,知悉买方的贷款情况,在此过程中伴随着文件和资金的流转(见图 3-23)。这是由于美国的银行具有极强的地域性,在其他州并无分支机构,无力对区域范围外的抵押贷款标的进行产权调查,产权保险公司的出现刚好弥补了银行的这项不足。

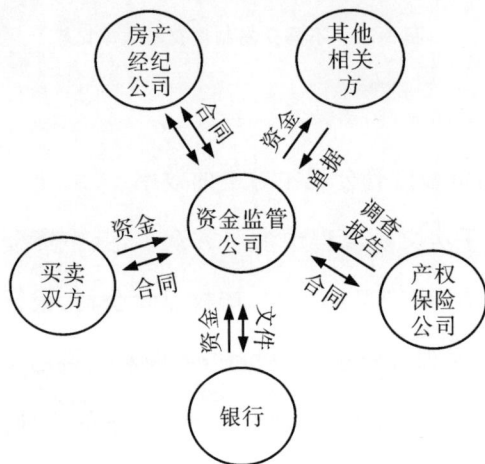

图 3-23　资金监管公司主导下的资金和文件传递

资料来源:链家研究院整理。

(3)与产权律师沟通合作。在美国纽约州,买方还会另外聘请产权律师。产权律师则负责起草资金托管声明、准备法律文件并决定哪些文件送交资金监管公司以及交易后文件报送政府机构登记。同时对于标的房屋过户前存在的产权瑕疵,如未交税费、物业费等,资金监管公司在进行偿付时需获得产权律师的授权。

从交易周期看,美国整个房产交易周期平均为 30～45 天,而日本平均为 20 天。美国房产交易周期较长的外部原因在于交易周期很大程度上取决于银行贷款周期。美国从贷款申请到放贷时间区间为 17～30 天,日本从贷款申请到放贷平均时间为 10～15 天。资金监管公司需通过与多方沟通完成资金划拨和产权交割的事宜,重复多次沟通过程中存在效率的损失。

从交易费用看,美国资金监管费用通常是交易价格的 2‰再加上大约 250 美元的固定收费;产权保险的费用一般根据房屋标的评估价格与承保事项的不同而存在较大差异,收费标准为房屋交易价格的 5‰～6‰再加上 200～300 美元的固定收费。因此一次二手房交易中,除佣金之外,按 35 万美元的成交均价计算,美国消费者需要额外付出 600 美元资金监管费用与 1 950～2 400 美元的产权保险费用,约合 1.7 万～2 万元人民币。

由此可见,以交易周期与交易费用作为交易效率的衡量标准,资金监管主导交易流程下的美国二手房交易效率并非最高。

2.日本:以经纪公司为核心的高效率

交易效率体现在资金流与产权流的交换中各个环节与各主体能否建立有效的链接。日本的二手房交易制度中将所有交易

新中介的崛起与房地产价值链的重构

环节凝结于一点,即最终交割日。买方、卖方、经纪人、买卖方各自贷款银行与司法书士五方同时在场完成产权与资金的同步交割,使得交易效率大幅提高,消除了产权与资金交割的时间错配,创造了独特的产权与资金同步交换的环境。因此,日本的交易制度下交易周期最短。美日交易制度交易流程对比如图 3-24 所示。

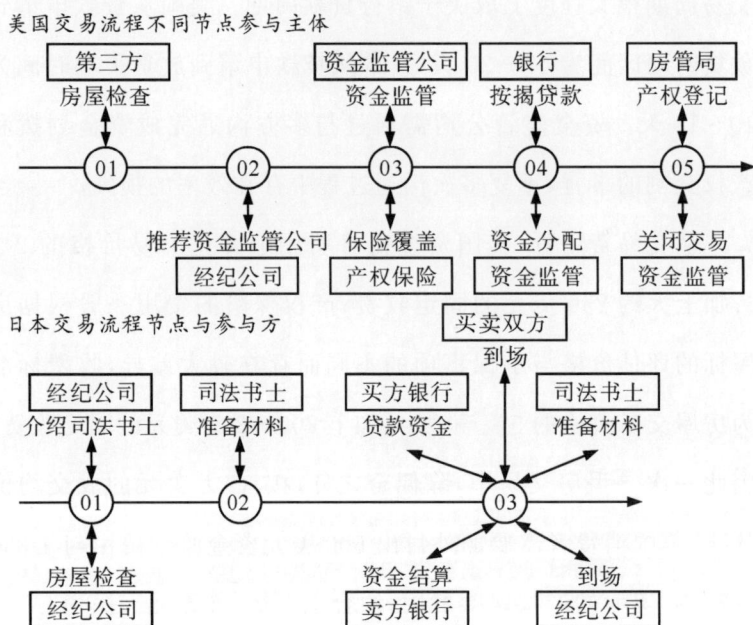

美国交易流程不同节点参与主体

第三方		资金监管公司	银行	房管局
房屋检查		资金监管	按揭贷款	产权登记

01 —— 02 —— 03 —— 04 —— 05

推荐资金监管公司	保险覆盖	资金分配	关闭交易
经纪公司	产权保险	资金监管	资金监管

日本交易流程节点与参与方

			买卖双方 到场	
经纪公司	司法书士	买方银行		司法书士
介绍司法书士	准备材料	贷款资金		准备材料

01 —— 02 —— 03

房屋检查		资金结算	到场
经纪公司		卖方银行	经纪公司

图 3-24　美日交易制度交易流程对比

资料来源:链家研究院整理。

在美国,资金监管公司是建立和维护链接的主体,把握着资金划转、产权调查与文书处理的全部节点,而日本特殊交易制度

98

下不存在资金的沉淀,亦无产权保险的参与,经纪公司成为推进交易流程的核心,而司法书士的专业服务进一步提高交易效率。

具体来看,在整个交易流程中,经纪公司成为信息的集合与沟通的主体(见图 3-25)。由经纪公司雇用的宅建士负责房屋检查及初步产权核验,并对相关文件签字承担法律责任,介绍银行与司法书士,以及沟通银行与买卖双方,确定各个交易节点。司法书士则提供产权核验、文书制作等专业流程服务,减少复杂文本制作与产权登记花费的时间,进一步提高交易效率。因此,日本依赖经纪公司和司法的流程安排使得其平均交易周期仅为20 天。

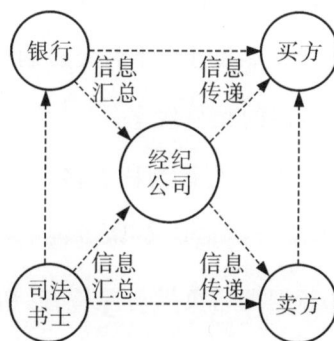

图 3-25 日本经纪公司的信息主导作用

资料来源:链家研究院整理。

从交易费用来看,由于宅建士服务已经包含在佣金之内,消费者只需额外支付司法书士的费用。司法书士一般按照产权登记单项事项收取费用,因而依据买方单边雇用或买卖双方双边雇用,交易费用有所不同。按照司法书士收费标准来看,一次二手房交易中司法书士平均收费 12 万日元,约合人民币 7 000 元左右(见表 3-1)。

表 3-1　司法书士详细收费标准

科　目	平均收费(RMB)
所有权转移登记(赠予)	1 700
所有权转移登记(买卖)	2 000
抵押登记(银行贷款)	1 500
原抵押登记抹掉	700
杂费(减税证明、交通费、勘察费、地址变更登记等)	1 000～5 000,根据明细实付

由此可见,在缺乏资金监管与产权保险的参与、以经纪公司为交易流程核心的交易制度下,日本交易制度下短交易周期与低交易费用产生了极高的交易效率。

3.中国台湾地区:经纪公司为核心多主体沟通下的高效率

与日本类似,中国台湾地区交易流程的推进以经纪公司为核心(见图 3-26)。经纪公司负责房屋检查、初步产权核验、推荐地政士与资金监管公司——建经公司,在各方之间进行信息传递。此外,地政士为提高交易效率也发挥了重要作用,提供产权核验、制作标准文件、协助买方贷款、协调银行间贷款清偿等专业化服务。建经公司负责资金的托管与分配。经纪公司将不同参与主体与不同交易环节进行有效连接,使得信息在不同参与主体之间流畅传递,交易效率较高。

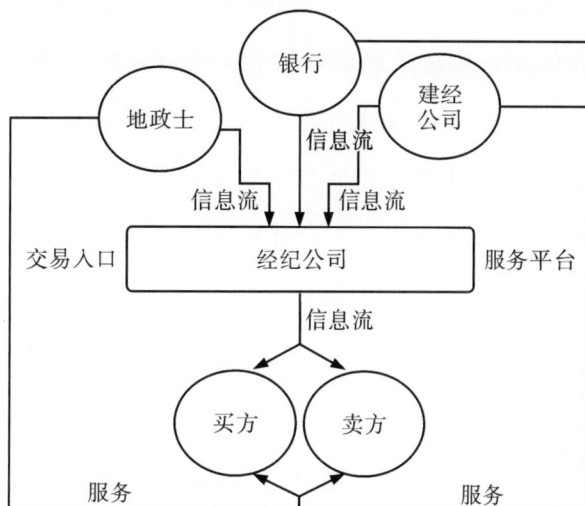

图 3-26　中国台湾地区以经纪公司为核心的信息连接

资料来源：链家研究院整理。

在中国台湾地区二手房交易过程中，既有类似于日本司法交易制度中司法第三方地政士的参与，也有类似于美国市场化交易制度中资金监管主体的参与，参与主体的增多导致沟通成本的增加。此外，不同于美国资金监管公司全权负责所有资金的划拨，中国台湾地区银行代偿制度负责贷款资金的结算，建经公司履约保证制度负责买方自有资金的分配，从而产生了双重资金分配主体的问题，资金分配效率有所降低，交易效率有所损耗。

但是，在经纪公司与地政士和建经公司的长期稳定合作下，交易周期大多为 28～35 天，均短于美国、英国与中国大陆。

就交易费用来看,地政士以单项事项计价收费,根据单次交易中涉及的业务数量酌减收费标准。平均来看,一次二手房交易过程中地政士普遍收费可达 1 万~2 万新台币,即 2 000~4 000元人民币。建经公司收取成交价格的万分之五作为资金监管费用,以 700 万新台币平均成交价计算,约为 3 500 元新台币,约合人民币 720 元。因此,一次交易完成,消费者需要支付人民币 2 720~4 720元不等。

因此,中国台湾地区以经纪公司为交易流程核心、地政士专业流程服务的模式下,交易周期短,交易费用少,交易效率高。

4.英国:产权律师包揽下的低效率

在英国,产权律师成为推进交易流程的绝对核心主体。由于无资金监管公司与产权保险公司的参与以及经纪公司职责仅限于房源匹配,产权律师几乎包揽了交易流程中的所有工作,即联系第三方进行房屋检查、承担资金保管与传递工作、制作和处理相关文书(见图 3-27)。

因此,产权律师成为交易流程中的完全主导,工作量极大,导致交易周期超长。具体来看,一方产权律师需要与对方产权律师多次沟通合同内容、取得交易双方资料、向相关政府部门调取房屋文档,还需要与专业调查公司配合完成房屋检查物理状况报告,从而导致二手房交易周期极长。双方产权律师交换合同前的准备工作通常需要 3~6 周,交换合同又另外花费 2~4 周。整个交易过程中,除产权律师之外买卖双方没有得到其他

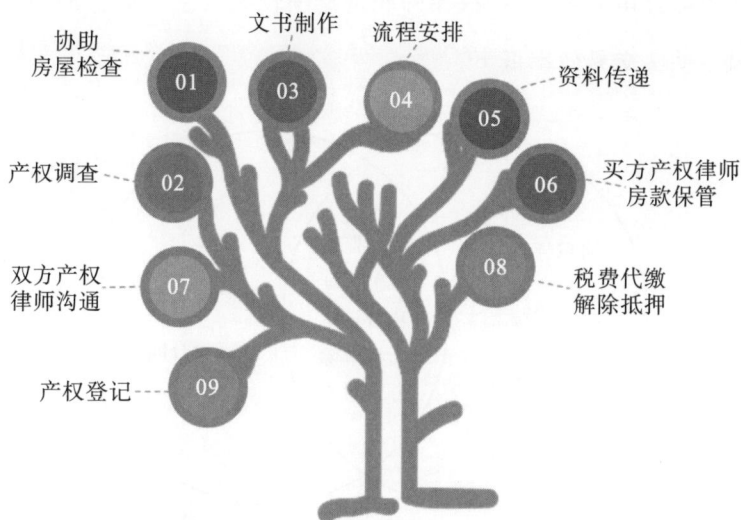

图 3-27　英国产权律师工作职责

资料来源:链家研究院整理。

专业人员的直接指导,交易中很可能出现各种意外而不能得到迅速解决,这使得交易时长变得极不可控,多数情况下整个流程可能需要 6~12 周,这几乎是很多国家的 2 倍。

英国产权律师以成熟的职业规则和个人职业信誉作为担保,承担了最重要的资金监管环节的工作,同时以律师的专业性向买卖双方提供包括买卖合同在内的文书处理服务,在交易中不仅起到了资金监管所有最重要的作用,而且额外承担了合同拟定与材料制作的工作(见图 3-28)。因此,与经纪人职能同样弱化的美国比较,英国交易效率依靠独立产权律师个体完成;与同样依赖司法第三方的日本、中国台湾比较,英国交易流程中缺

新中介的崛起与房地产价值链的重构

乏经纪公司的参与,产权律师职责范围较大。基于以上原因,英国二手房交易效率低下。

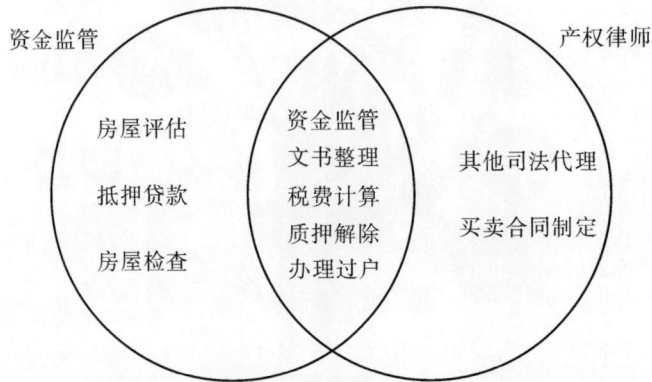

图 3-28　产权律师与美国资金监管职责比较

资料来源:链家研究院整理。

由于产权律师工作量大,通常一次交易所需要的交易费用也高于多数国家,平均费用为 500～1 500 英镑,折合人民币4 650～14 000 元。

总的来看,由于产权律师的绝对主导,英国交易流程的超长周期与高交易费用,导致交易效率极低。

综上所述,仅从交易效率单维度出发,交易制度可分为以经纪公司为核心的高效率模式、以资金监管公司为核心的居中效率模式和以产权律师为核心的低效率模式。以经纪公司或与以资金监管公司为核心的效率模式依托于公司的团队分工合作,实现了交易效率的提升,而以产权律师为核心的效率模式则依赖于个人能力,交易效率有所折损。其中,日本、中国台湾以经纪公司为核心的效率模式中引入独立第三方司法人员的专业化流程服务,进一步提升了交易效率(见图 3-29)。可以说,交易效率的提升有赖于服务主体的专业分工与有效的交易流程安排。

高效率　中等效率　低效率

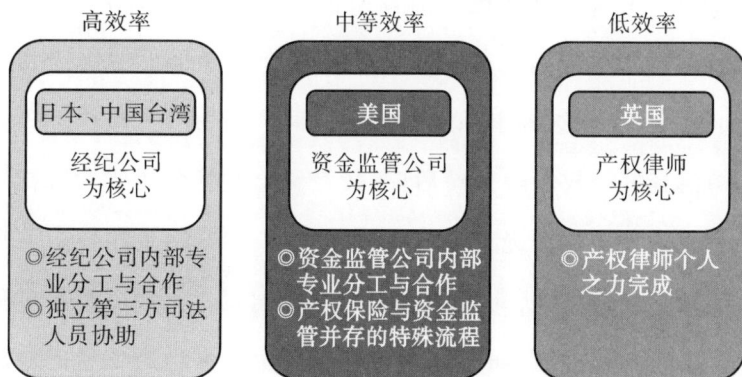

图 3-29　不同交易制度下交易效率核心因素比较

资料来源:链家研究院整理。

(三)交易体验

交易体验衡量了买卖双方在交易流程中时间精力的投入程度、业务办理的时间地点的灵活度及交易信息透明度。好的交易体验往往表现为交易流程服务将工作量承交至第三方,降低买卖双方时间精力的投入、提高业务办理时间地点的弹性,以及实时知晓交易流程信息。

新中介的崛起与房地产价值链的重构

1.美国:电子资金监管兴起带来新体验

美国的房屋产权信息是高度开放的,任何人都能通过登录房屋所在地州、郡或市的政府网站,无成本或低费用地查询房屋产权、抵押贷款、留置权和税务等信息,即使在无网络查询服务的郡、市,个人也可通过电话查询税务、房产转移等相关信息。产权保险公司的出现使得美国的产权查询变得更加快捷和方便,买方在产权查询事项上投入的时间和精力大大减少。买卖双方选择好产权保险公司后(一般是资金监管公司代为选择),产权保险公司就会进行产权查询工作,查询的结果相较买方自己查询更加详细,所花费的时间也大大缩短。在整个交易过程中,资金监管公司会随时通过邮件跟买卖双方沟通交易的进展状况,保证买卖双方的知情权。

美国二手房交易流程在资金监管公司的主导下完成,买卖双方在整个交易过程中参与度较低,时间和精力耗费不多,体验较好。资金监管公司在运营的过程中通过行业内的竞争,不断改进服务,提升效率。据测算,美国一个资金监管工作人员一个月能处理 40 单完整的资金监管业务,分配到各个工作环节中,某一个工作环节的资金监管工作人员一个月大概要处理 200 单业务。随着电子信息技术的发展,一方面,买方在向资金监管账户打款时除了采用原始的邮寄现金支票或者付现金的方式外,还可以通过电汇的方式,节省了买方的时间和精力;另一方面,电子资金监管的出现使得资金监管公司从繁重的文件签署和传递工作中解脱出来,极大地提高了资金监管公司的工作效率。

所谓电子化资金监管,是指把银行、经纪人、公证人、产权保险公司、政府房管部门的产权登记记录人员还有其他和交易相关的人员汇集到一个系统里,在这里有一系列标准化格式的文件,每个人还拥有一个电子(数字)签名。然后在资金监管公司和抵押贷款银行的主导下建立一系列协议和文档,这些协议和文档通过互联网传递到需要签字确认的相关方,之后确认人使用电子签名完成文档的签署确认工作。文档的电子化传输过程,大大减少了相关方协调会面的时间,避免了各方时间上的冲突,也减少了文档传递过程中的时间和风险,同时也减少了记录备案的排队等待时间。通过培训和学习,资金监管公司可以在15～30分钟之内完成交易的结算工作,相较传统的资金监管公司需要几天甚至几周才能完成结算工作来说,大大提高了效率,提升了客户的体验度。

在交易完成后,电子资金监管公司会把所有的签名文件汇集到一张 CD 或 U 盘里,给交易各方,方便大家存储和查询。早期使用电子化技术的资金监管公司由于效率提高,在客户满意度提升的基础上极大地扩大了自己的市场份额。未来由于技术的发展义及人们对于电子签名的认可度增加,电子化资金监管将会越来越普及,整个交易过程占用的时间会进一步缩短,客户体验度将会进一步提升(见表3-2)。

表 3-2   传统资金监管与电子资金监管对比

	传统资金监管	电子资金监管
关闭交易所需时间	几天到几周	15~30 分钟
文档传递载体	快递	互联网
文档类型	纸质	数据流
签名类型及特点	笔签,易被模仿和更改	数字签名,加密措施,不易更改
文件存储方式	档案盒、办公室、仓库	计算机、CD、U 盘

2.日本:固定时间地点的产权交割降低交易体验度

在日本,房屋的产权信息也是公开的,但查询并不便捷。个人或机构若要查询房屋产权状况,需向日本法务省申请阅览取得房地产登记簿的复印件。日本法务省在接到申请后会在几天内将产权登记簿复印件寄送到申请人手中,费用一般为 1 000 日元左右,网上申请费用更低一些。日本房地产登记证上包括房屋所在地、面积等物理状况信息,房地产所有权、历次买卖记录等权利信息,还包括房屋的抵押权等信息。值得注意的是,日本的产权信息并不像美国一样在网上公示,在这种方式下,申请人只能通过法务省邮寄房地产登记证才能知悉房屋的产权情况,因而查询的灵活度、便捷性和及时性较差。不过,随着社会的发展和网络的普及,现在出现了一些产权信息查询公司,申请人可以向该类公司申请,缴纳一定费用后,公司系统随即会给查询人一份电子版的房地产登记证,房地产信息的获得变得越来越方便。

日本二手房交易流程主要由宅建士主导司法书士协助完成,买卖双方所投入的时间精力不多。而且,司法书士与宅建士及时与买卖双方进行沟通,使其知晓交易状态。但是,最后交割日要求买卖双方、经纪公司、司法书士与双方银行在固定的时间和地点完成产权和资金的交割,虽然解决了交易过程中资金和产权的安全问题,但时间地点的约束导致了体验的下降。

3.中国台湾地区:互联网兴起提升交易体验

中国台湾地区的产权信息也是高度开放的。在中国台湾,个人或机构通过政府网站可以实时查询房屋产权状态、辐射登记状况,同时政府为地政士设有专用查询通道,可以查询到包括卖方身份与权利的真实性信息、产权的完整性信息、房屋面积、抵押额度、是否查封等信息。在交易过程中,随着建经公司对互联网技术的应用,买卖双方可网上开立账户,在线存入交易资金并可以通过手机 APP 实时查询交易状态,提高交易信息的透明度。

中国台湾地区二手房交易流程主要在经纪公司与地政士主导建经公司辅助下进行,买卖双方所需的时间精力得以大幅度释放,但多支付节点的资金结构增加了买方的时间精力投入。此外,买卖双方需在双方地政士的陪同下进行交房工作,时间和空间上也相对缺乏灵活性,造成体验度下降。

4.英国:产权律师高负荷带来好的交易体验

英国是一个房屋产权信息高度公开的国家。在房屋交易之前买方搜索到合适的房屋后通常希望了解房屋的价格,以判断

新中介的崛起与房地产价值链的重构

该套房屋的花费是否在购房预算内。英国拥有 RIGHTMOVE 和 ZOOPLA 两个房地产网站,通过这两个网站买方可以方便、快捷地了解英国所有房产的交易价格和近十几年的交易价格。同时,英国的房屋交易中并没有一个类似中国"房产证"类型的证明,英国所有的产权信息通过互联网向全世界公开,当买家或者房子业主需要对房屋的产权进行证明时,只需要登录英国政府网站去搜索相关信息,然后缴费下载房屋产权证明报告即可。整个过程省时、省力。但是,英国的产权证明证书上只记载了屋主的姓名和地址,不包含任何产权转移记录、抵押记录、纳税记录、留置权等信息,与美国相比较,虽然英国的产权信息高度开放,但是并不全面,产权核验等问题只能交由产权律师进行。此外,英国没有产权保险公司类的机构为交易之前的产权缺陷风险进行担保和赔偿,发生纠纷后只能诉诸法律途径解决。虽然英国的产权信息高度开放,但从产权信息的完整程度上来说,英国稍显逊色。对于买卖双方来说,整个交易流程似乎并不是很清晰透明。

英国二手房交易主要在产权律师的主导下进行,整个交易过程中买卖双方投入的时间和精力较少,买卖双方的自由度、灵活度较高。英国的房屋买卖从雇佣产权律师开始,产权律师在整个交易中既充当资金监管者的角色为资金安全负责,又充当产权调查者为产权的安全负责,同时还要沟通协调各方,负责相关文献的准备及房产过户工作。而在整个交易过程中,对买卖

双方的约束却相对较少,买卖双方甚至可以在不见面的情况下
完成交易。同时律师通过电子邮件的方式和买卖双方进行充分
交流,客户还可以分别雇用方便自己办理手续的律师进行交易。
因而相对日本来说,英国的交易方式更具有柔性,客户的体验也
好些。但也由于英国的整个交易过程中所有的任务都集中于产
权律师身上,局限于产权律师的时间和精力,因此英国的整个交
易过程比较缓慢,体验的好感度略有降低。

三、中国的交易制度:现状与问题

随着房屋自有率不断提高,中国二手房交易从 20 世纪 90
年代末的零星交易逐步发展到占据重要地位,而城市经济发展
程度与人口流动的分化导致二手房交易流程存在较大差异。总
体来说,由于发展历史短暂,中国房屋交易行业缺乏完善的法律
体系,银行之间结算体系相对孤立,交易流程服务行业尚处于萌
芽状态,中国二手房交易安全、效率、体验仍处于较低的层次。
随着二手房交易量的快速增长、交易环境的复杂化、参与主体的
多元化,交易风险与安全需求矛盾日益突出,现行交易制度难以
满足二手房主导趋势的发展要求。

新中介的崛起与房地产价值链的重构

因此,我们需要推动交易流程服务市场化,明确交易流程服务行业定义,引导行业健康发展,在产权信息共享、个人信用信息的共享和第三方处理权限及信用的认可上为企业营造更适合生长的土壤,使第三方资金监管与辅助主体真正成为买卖双方权益最重要的保护者和责任的承担者。

(一)交易安全:现状与问题

中国交易流程区域化特征明显,各地交易量、政府监管要求及买卖双方需求不同,交易流程也存在较大差异。总体来说,主要分为定金、合约签订、贷款申请、缴税、过户五个核心环节。我们以北京市场为例介绍国内二手房交易流程(见图3-30)。

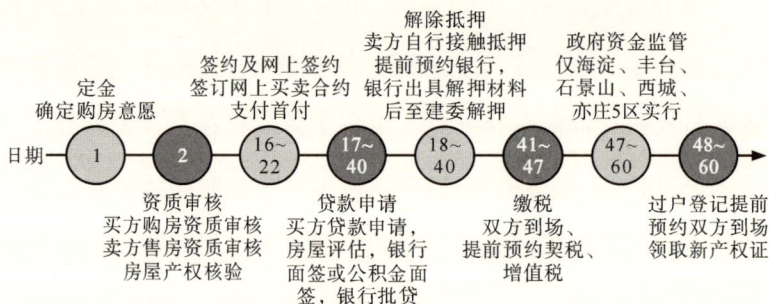

图 3-30 北京二手房交易流程

资料来源:链家研究院整理。

1.国内典型二手房交易流程

第一步：支付定金。买方支付定金,确定购房意向,经纪公司着手买方资质审核与房屋产权调查。

第二步：卖方资质审核、产权核验。随着北京二手房交易驶入快车道,政府出台相关政策限购,对于买方购房资质进行严格审核,耗时达 10～15 个工作日不等,同期进行的房屋核验周期由当日变为 10 个工作日,二手房交易周期的拉长,增加了交易的不确定性。

第三步：签订买卖合同与网上签约。买方购房资质审核与产权核验结束后,买卖双方签订房屋买卖合同,并与中介机构签订居间协议,同时在北京住建委的网上签约系统完成签约。

第四步：贷款申请。买卖合同签订后,买方向银行申请贷款,着手房屋评估,商业银行从面签至批贷需 10～20 个工作日,但是对于公积金贷款而言,必须在房屋评估结束后进行面签,批贷周期达 15～20 个工作日。依据买方收入、偿债能力等信用资质不同,贷款周期也有较大的差异。

第五步：解除房屋抵押。买方申请贷款的同时,房屋设定抵押权的卖方需自行筹措资金或使用买方购房资金偿还银行或其他类型债权人,解除房屋抵押。根据不同银行出具解押材料时长不同,从预约银行还款至房管局解除抵押周期达 10～15 个工作日。

第六步：缴税。当买方获得批贷函与卖方解除抵押后,买卖双方提前预约,根据房屋标的与卖方售房资质缴税。

第七步:政府资金监管。对于北京市海淀区、丰台区、石景山区、西城区、亦庄区全面实行政府资金监管,所有二手房交易必须在过户前,将扣除定金与贷款部分的自有交易资金存入房管局与合作银行开立的子账户,进行资金监管。

第八步:产权转移过户登记。由于北京二手房部分区域交易活跃,房管局对中介促成的交易实行预约过户登记制度,预约周期可达 5~10 个工作日不等。预约成功后,买卖双方到场,将备好的过户及缴税文件交由房管局工作人员进行审核,对于政府监管的 5 个区域,同时需审核监管资金的到位,完成产权转移登记,当天可取得房屋产权证。

由此可知,由于北京房屋交易量大幅度提升和交易环境的变化,政府为保障交易安全,在购房资质、产权核验及产权转移登记方面进行了严格的控制,排队、预约成为常态,交易效率无法避免地降低。

同样为二手房交易占据主导的上海市,交易流程则与北京市差异较大(见图 3-31)。

2.国内交易流程中的风险

中国交易制度的安排同样无法避免交易流程中产权与资金交换上的时间错配风险,多次资金交付节点早于产权转移,产权转移之后存在尾款回收问题。同时,随着一线城市房价快速增长,房屋交易资金量增加导致风险损失额度不断增大,损失影响

产权核验	北京-现场查询或密钥10~15个工作日 上海-付费现场查询,当天出查询结果
缴纳税费	北京-现场咨询需缴纳交易税费 上海-网络查询需缴纳交易税费
流程连接	北京-解抵押、过户、新抵押需分开操作 上海-解抵押、过户、新抵押当天完成
新产权证	北京-过户当天可获得新产权证 上海-过户后20个工作日获得新产权证
资金监管	北京-五个城区强制政府资金监管 上海-政府主导第三方资金监管,自愿

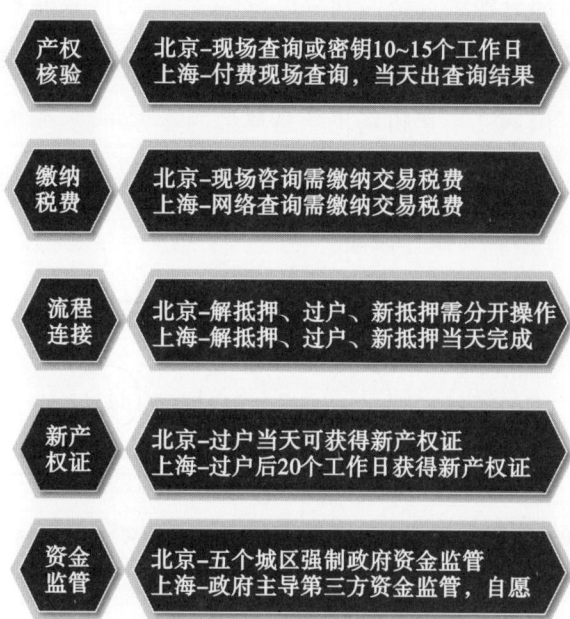

图 3-31 上海、北京二手房交易流程对比

资料来源:链家研究院整理。

程度加大。此外,国内房屋交易存在特殊风险,如附着于学区房之上的户口等特殊风险。

交易风险的暴露具体表现为以下几个方面。

(1)产权调查不及时或不进行,部分城市由于政府产权核验周期达 10～15 个工作日,查询信息相对滞后。及时、全面、准确的产权信息是成功交易的前提之一,相较于房屋自身的物理状态,由于产权信息无法直接直观呈现、涉及其他交易之中的债权人,并需要动态反馈,房屋产权的核验更具难度,也更容易滋生纠纷。

（2）大部分地区资金监管缺位，资金转移与产权转移交错进行，且资金监管范围仅限于除去定金与贷款部分的自有资金（见图3-32）。国内二手房市场仍然是典型的卖方市场，卖方为提前获得房款，抵制资金监管，要求买方直接支付定金、首付款，存在极大的卖方违约与欺诈风险。

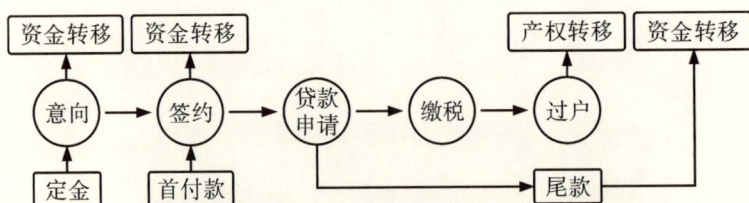

图 3-32 资金监管缺位下资金转移与产权转移的交错进行

资料来源：链家研究院整理。

（3）资金监管无资金分配权限，卖方需自行解除房屋抵押，导致额外资金流和新的债务主体加入交易流程中。解除抵押为新旧债权人进入与退出的重要环节，是二手房交易的主要风险环节。已有的国际经验制度均能形成新旧债权人进入和退出闭环，阻隔风险，如美国资金监管制度，日本、英国、中国台湾通过银行结算制度，均能实现买方贷款资金偿还卖方贷款，解除房屋已有抵押，资金不经买卖双方且卖方无须在交易资金外筹集资金。而国内卖方需在过户前自行筹措资金，甚至借贷资金偿还贷款解除房屋已有抵押，在银行之外引入新的债务主体与贷款资金。

3.资金监管的不足

不同于日本地区产权与资金同一时空转移消除时滞，解除错配风险,也不同于美国资金监管制度由第三方公司负责资金监管,依据交易双方进行资金分配,中国解决资金与产权转移时间错配的实践仍处于初步阶段,形成中国独有的资金监管格局:多层次力量提供多种监管方式的资金监管结构,既有市场力量主导的自行托管、四方资金监管与专业第三方资金监管,也有政府力量主导的政府监管与第三方资金监管平台(见图 3-33)。

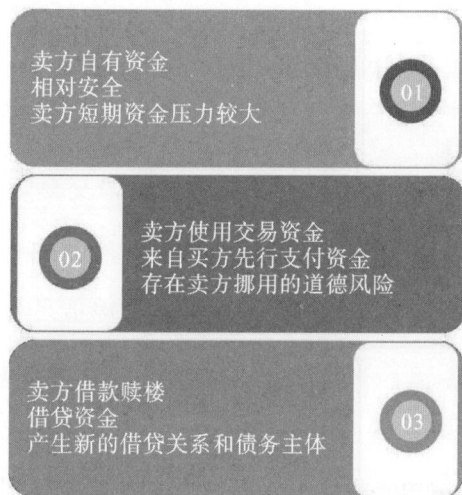

卖方自有资金
相对安全
卖方短期资金压力较大
01

02
卖方使用交易资金
来自买方先行支付资金
存在卖方挪用的道德风险

卖方借款赎楼
借贷资金
产生新的借贷关系和债务主体
03

图3-33　国内房屋交易解除抵押的方式

资料来源:链家研究院整理。

现有资金监管格局下,中国交易资金监管覆盖比例远远不足,资金监管率与资金监管单量偏低。资金监管率,即实行资金监管二手房交易占据总体二手房交易的比例;资金监管单量,即应监管交易金额占据总交易资金比例。仍以北京、上海为例,北京城五区(海淀区、丰台区、石景山区、西城区、亦庄区)由于政府强制资金监管,资金监管率高,但资金监管单量偏低,监管资金范围仅限于除去定金与首付款的自有交易资金,其他城区无政府强制监管,资金监管率不足 40％。上海地区则由于政府监管自愿选择以及卖方市场的高度强势,资金监管率不足 10％。

(二)交易效率:现状与问题

二手房交易效率取决于各交易主体与交易环节的有效衔接,直观体现为交易周期与交易费用。国内二手房交易流程还未形成专业分工,经纪公司不仅需承担房源信息与客源信息的匹配,同时需主导交易流程的推进,负责初步房屋核验、文书制作、贷款经纪服务、税费计算、协助税费缴纳与过户登记等一系列流程。加之国内二手房交易活跃度与政府监管程度区域差异极大,二手房交易周期为 30～65 天不等。总体来看,国内二手房交易效率不高。

1.低效的交易流程

交易流程中,由于既无美国资金监管公司资金监管服务与产权保险公司的产权调查与产权保险等专业流程服务,也无日本、中国台湾地区独立司法第三方主体的协助,中国交易流程服务完全依赖经纪公司与经纪人,经纪公司成为交易流程的绝对主导。尽管部分大型经纪公司内部已形成过户专员、产权核验专员与贷款经纪人的专业分工,但受制于整体交易环境与交易流程,交易周期仍然无法有效缩减。

以北京为例,交易流程服务均由经纪公司推进,政府把控交易周期。交易流程以购房资质审验与卖方资质核验为签约的前提,经纪公司为买方与卖方进行初步资质材料审核与产权核验,而政府部门审验买方购房资质与核验房屋产权需 10~15 个工作日。买方贷款情况则更为复杂长期,既有商业银行贷款,申请贷款至同意放贷周期一般为 15~25 个工作日不等,也有公积金贷款与商业银行和公积金组合贷款,申请至同意放贷周期长达 20~30 个工作日不等。此外,在解除抵押环节,由于银行不参与,卖方需自行筹措资金,在经纪人协助下预约其贷款银行提前还款,待银行 3~10 个工作日出具解押材料,卖方委托经纪人至房管局提交解押材料解除房屋原有抵押。缴税与过户环节往往需要经纪人为买卖双方提前预约日期,缴税与过户登记每个环节需耗费 5~7 个工作日不等。平均来看,北京二手房交易周期在 40~60 天。

2.交易流程低效的背景与资金监管的不足

交易效率的折损一方面来自政府交易服务拥挤与排队,另一方面来自交易流程中未产生专业流程服务分工,不同交易主体与交易环节的衔接过度依赖于经纪人,"全能"经纪人必然产生部分流程服务不专业。

新中介的崛起与房地产价值链的重构

　　同时,国内交易流程的特殊性加剧了交易周期效率损耗。首先,银行体系不参与贷款资金结算或第三方支付公司无贷款资金分配权限,导致房屋解除抵押流程需引入额外的资金与借贷关系,拉长交易周期;其次,资金监管流程服务主体的不统一,导致被动监管模式下资金分配效率低。具体来看,根据资金监管主体的不同,可分为政府监管、商业银行三方监管、中介机构四方监管及第三方监管的模式。其中,政府监管、商业银行监管均为被动监管模式。

　　政府监管模式中,资金监管已成为过户的前提条件。以北京为代表的政府直接监管,政府与合作银行建立监管系统,买方需在过户登记前,将除去定金与贷款部分外的自有资金(首付款)存入系统自动分配的监管账户,过户登记时由政府工作人员核实该部分资金已到位,满足过户条件,最终将监管资金解冻至卖方账户。

　　而以南京、天津为代表的政府间接监管,政府设立第三方监管主体或与第三方监管主体合作,买方将自有资金存入第三方在银行设立的监管账户,并且买方贷款银行以第三方监管主体融资性担保,提前将贷款资金放款至监管账户,过户后解冻资金监管。

　　商业银行监管则分为买卖双方自行托管的银行三方监管与中介主导的银行四方监管,但本质上均为商业银行开立联名账户,只允许买方自有资金在满足一定条件后过户至卖方账户(见图 3-34)。

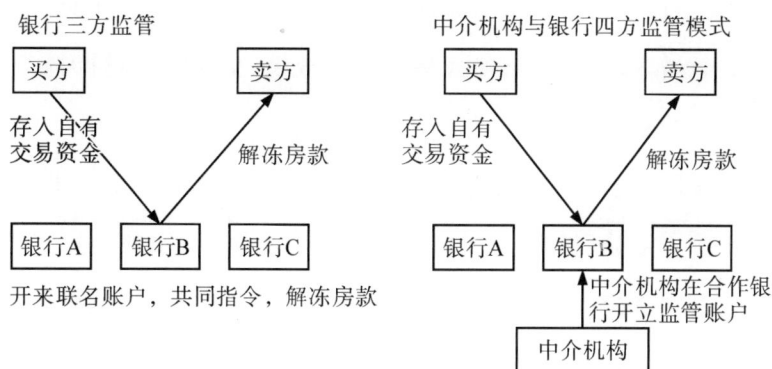

图 3-34　商业银行资金监管模式

资料来源：链家研究院整理。

　　因此，中国现行的资金监管存在如下问题：

　　银行主导的资金监管如四方监管、自行托管方式中，银行需直接面对个人，承担了文件检查的工作。然而银行并不深入交易，却需要承担资金监管的主要职责，需要处理各种琐碎的文书处理工作，双方交易意愿无从把握，证书文档的真伪也无从辨识；房产资金的监管仅占银行业务的极小部分，难以保证其专业性和效率。

　　政府主导的资金监管更是如此。由于距离交易更远，政府监管缺乏灵活度，只能给定关键的资金解冻条件，交易双方资金监管需要且仅需要达到给定的监管要求即认为是合规的交易，并且在办公场所和时间上有局限性，造成了拥挤和排队，是一种低效的资金监管方式。

　　毫无疑问，资金监管提高了交易的安全性，但无论哪种方式,交易过程在效率和体验的损耗上都显而易见,尤其在交易需求日益增多、交易复杂度大幅提高的今天,交易时间越拉越长,不确定性越高。

国际经验显示第三方资金监管则弥补了交易效率的损失,提高了资金分配效率。国内现有的第三方资金监管则由第三方支付公司承担。第三方支付公司通过与银行的合作协议、开立备付金账户解决部分银行资金监管的不足,同时支付牌照使银行将面对个人的对私业务内化为面对支付公司的对公业务,银行不再是资金监管的主体而仅作为资金的存放地。同时,支付公司基于互联网支付技术与深入二手房交易,提供便捷的账户开立、资金存入与依据买卖双方要求灵活解冻。见图 3-35。

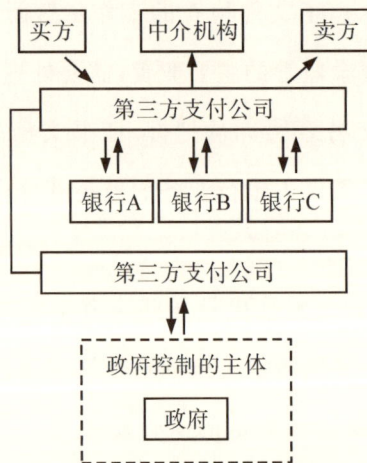

图 3-35　第三方支付公司监管模式

资料来源:链家研究院整理。

具体来看,第三方支付公司进行资金监管的优势体现为:(1)专业的第三方支付公司比银行和政府都能更深入地切入交易,跟踪交易流程,了解交易方的需求和状况,能够有效识别证件的真伪,满足二手房交易所需的专业性;(2)市场化的资金监管方式下,企业主动承担了责任和风险,备付金账户事先赔付买方损失;(3)企业追求规模与利润,具备主动完善安全、效率与体验的持续动力,通过改进支付技术与互联网技术不断提高支付与监管效率;(4)在业务范围上企业可以具备更强的灵活性,提高资金监管的覆盖面;(5)减轻了公共机构的行政压力和成本。

现阶段,对于第三方监管,仍然无法破除的是支付公司的资金分配功能。由于支付公司账户与银行账户同等的地位不被认可,第三方支付公司的现金流是单向的,即只能从支付公司流向银行,而不能将银行贷款等划拨至支付公司的对公账户,以便支付公司重新做分配,这使得支付公司无法一站式除去附着于待交易房产上的各类债权,仅能对首付金和交易中发生的非债权类资金(户口保证金、物业保证金等)监管。无法实现资金分配的第三方支付是不完整的。

所以说,中国二手房交易效率低下的深层次原因在于交易流程服务未市场化,交易主体与交易环节不能实现有效衔接,同时,交易流程的特殊性加剧了交易效率的折损。

(三) 交易体验：现状与问题

好的体验直观体现为买卖双方交易过程中时间精力投入程度、交易信息透明度及办理时间地点的灵活程度。国内交易制度尚未能保障交易安全与效率，交易体验还未形成迫切需求。当前，交易活跃地区二手房交易量增加，政府窗口承载能力有限，已经出现了大量排队、拥挤现象。以北京市场为例，买卖双方进行产权核验、税费计算、交易安全维护以及过户登记，双方缴税、过户需提前 5～7 个工作日预约，办理地点严格限定于房管局交易中心，产权信息不公开，产权核验周期长，交易流程信息不透明，买卖双方无从知晓交易状态进程，因此交易体验处于低级阶段。

四、政策建议

纵观国际经验，交易制度的产生与形成是不同市场条件下交易参与方与监管方在安全、效率、体验三要素下平衡的结果。

综合来看,其启发在于:第一,二手房交易的复杂性与高风险特征使得以促成成交为主要目标的经纪人难以胜任交易全程服务的重任,交易流程由专业的第三方辅助完成更为恰当;第二,第三方不应是免费的公共资源而应当是交易的深度参与者,市场化的解决方案才能带来更优质的服务,这对于安全责任的划定、提升效率与体验都具有重要意义;第三,公共信息的可获取和企业准入的进一步放开是实现真正的第三方交易的前提。

据此,结合中国的实际情况,提出以下政策建议:

(一)推动产权核验信息有条件公开

随着产权状态的复杂度提高,产权信息核验、动态反馈、产籍以及房屋的抵押、查封等信息及时准确传递越发重要,产权信息的更新不及时或不准确容易造成消费者大额资金损失。

现阶段,我们建议:一是加快网上服务平台建设,各级房地产行政主管部门应加快网上服务平台建设,暂不具备网上服务平台建设条件的,应开放办事窗口查询功能,并推出网上服务平台在线查询服务。二是向备案的房地产经纪机构及持证房产经纪人开放查询服务,允许机构通过网上服务平台或是在办事窗口查询房屋产权、产籍信息。房产中介机构应在查询后,以书面形式向客户提供产权调查报告。三是推进信息联网,对交易中产权信息变化进行动态提示,对于网签后新增的房屋抵押、查封等信息,应在网上服务平台通过在线提醒、短信提醒等方式,建立面向房产中介机构、消费者的动态提示功能。

(二)强制推行资金监管制度

在二手房交易中,绝大多数的风险和纠纷中最为核心的就是交易资金的安全问题,推行资金监管是管理风险的唯一方法。主流市场资金监管比例几乎都在九成以上且已形成固定的模式,国内资金监管刚刚开始,经历了政府、银行、经纪公司、第三方机构等多个阶段,迄今为止在非强制资金监管的地区,主动监管的比例极低,这形成了交易中的风险敞口。具体来讲,我们建议:

1.规范资金监管流程,建设资金监管标准

由政府主管部门推动建立规范的资金监管流程,资金类型涵盖定金、首付款、贷款、物业交割保证金、户口迁移保证金及其他类型资金。定义各种类型资金办理资金监管的时点,办理资金监管时的具体要求及买卖双方、经纪机构需要提供的材料清单。明确各种类型资金的解冻时点,办理资金解冻时的具体要求及买卖双方、经纪机构需要提供的材料清单。对出售仍然存在按揭的房屋交易,定义通过买方购房款完成卖方解除抵押登记的流程及资金转移流程。

2.建立资金监管机构向主管部门的信息报送与核对校验机制

资金监管机构应以日为单位,按月以明细和统计的双重维度向主管部门报送本机构新增的资金监管业务以及完成解冻的资金。鼓励有条件的经纪机构向主管部门报送交易数据,包括除权属转移以外的其他交易进度信息,如定金交付信息、物业交割信息、户口迁移信息。

建立基于IT系统的自动化核对校验机制,将资金监管机构报送的资金监管信息、政府主管部门记录的权属转移登记信息、经纪机构报送的交易信息进行交叉比对,确保每笔交易资金按照资金监管标准完成解冻,保证全部交易资金的安全交割。

信息核对校验的主要规则和机制如下:(1)将经纪机构提报的业务办理信息(如办理产权转移登记)与主管部门记录的信息比对,确保提报业务信息的准确性;(2)将资金监管机构提报的业务办理信息和资金变动信息与经纪机构提报的业务办理信息进行比对,保证业务信息的一致性,并确保每笔资金变动都有对应的业务动作;(3)从明细和统计两个维度进行核对;(4)通过比对资金监管账户期初、期末余额及期间的发生额,验证资金监管账户的金额连续性。

3.积极引入"互联网+"技术,为消费者提供更好的交易体验

大力推动有条件的专业机构综合利用互联网、移动互联网

的各种新技术与模式,帮助行业稳步、快速地向"互联网＋"转型,为消费者提供便捷、高效、透明的资金监管体验。通过合理的产品设计,买卖双方在经纪机构门店甚至家中就可以办理资金监管,有效地降低政府主管部门现场办公的窗口压力。买卖双方可以自行上传资金监管办理过程中所需的文件,并通过信息确认等方式参与流程,有效地减少业务纠纷。可以通过互联网、手机 APP、客服电话、短信等多种方式查询信息,并实现业务流与资金流的整合,减少消费者的时间成本,提升监管效率。

4.认可第三方支付资金监管平台信用认可与资金分配权限

当前,第三方支付交易资金监管平台萌芽,有助于提高资金监管率和监管单量,进而提升交易安全与效率。第三方资金监管平台应该具备资金结算划转的功能,往往需要协调跨银行交易资金结算,但由于缺乏法律与银行系统的认可,跨行协调结算成为难以跨越的障碍。第三方支付面临的重要限制因素是政府、银行对其信用认可程度偏低,不具备资金分配权限,且无法与政府系统实现互联网在线操作。因此,要真正发挥第三方监管的作用,银行要认可第三方支付资金监管平台,给予第三方支付平台资金分配权限,在满足触发条件下进行资金划转。

(三)鼓励专业机构提供多元化的交易服务和产品

无论是美国的资金监管和产权保险,还是日本的司法书士、英国的产权律师,抑或中国台湾的建经公司,均是在交易流程中引入第三方的力量,而房地产管理机构不介入交易保证业务,只起到监督和管理作用。市场化是解决二手房交易中安全、效率与体验的平衡问题中最具效率的手段,应坚持政府主导流程规范与标准制定,社会力量积极参与的大方向。

在交易的文书处理和流程安排方面,国内大型经纪公司内部已经形成了"过户专员"这样的细分岗位,小型经纪公司或个人交易者在未来也可能将更多地求助于第三方机构完成交易。在国内交易服务定制化、互联网化的大趋势下,应鼓励第三方支付公司、经纪公司等专业机构提供更加贴合市场需求的多元化业务模式。

在交易后服务方面,应在信息资源共享、牌照管理、标准制定等方面,积极鼓励保险公司、经纪机构通过提供"产权保险""交易保险""安心承诺"等新产品和新服务,用市场化的方式提高交易流程中的安全、效率与体验。

第四章

流通性金融

- 流通性金融由短期资金周转类金融、贷款经纪服务、第三方支付与房屋保险等组成，它的存在是为了促进房屋更高效地交易，减少交易中的不确定性。

- 流通性金融不是单一的产品与服务，而是由多元参与者提供多样金融服务组成的完整金融体系。

流通性金融是二手房交易与金融市场相结合自然进化的结果。流通性金融通常是基于真实的房屋交易场景,出发点在于解决房屋交易流程中安全和效率的痛点,降低二手房交易过程中的不确定性与信息不对称程度,从而提高交易的效率,平滑交易。流通性金融服务可分为周转金融、贷款经纪服务、第三方支付与保险,其中,仅周转金融涉及资金的短期借贷,贷款经纪服务、第三方支付和房屋保险不产生新的借贷关系(见图4-1)。

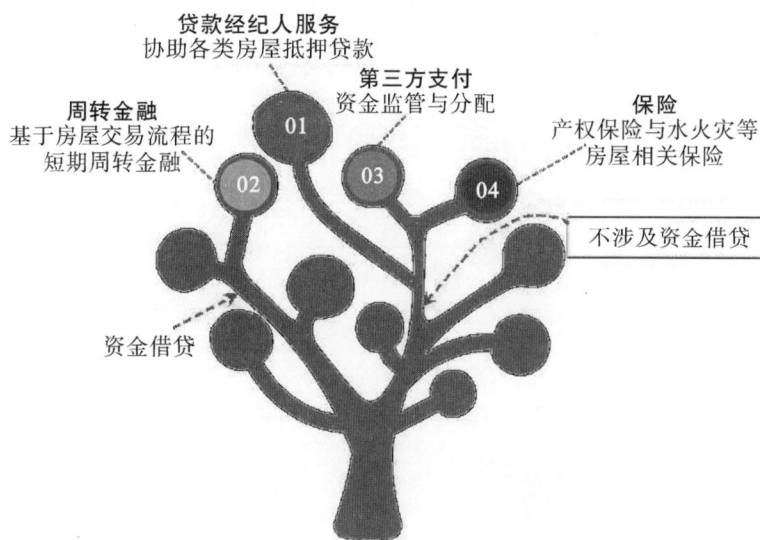

贷款经纪人服务
协助各类房屋抵押贷款

第三方支付
资金监管与分配

保险
产权保险与水火灾等
房屋相关保险

周转金融
基于房屋交易流程的
短期周转金融

不涉及资金借贷

资金借贷

图4-1　流通性金融的分类

资料来源:链家研究院整理。

目前,中国已基本形成以周转金融为主、贷款经纪服务为辅、第三方支付萌芽的特有的流通性金融体系。现有流通性金融体系下,能够在一定程度上解决中国特殊交易制度下基于交易产生的资金需求与交易难点等问题,但与交易资金安全、产权核验相关的流通性金融服务还未成熟,未能覆盖相应风险。

交易制度完善与传统金融市场成熟,必然带来交易周期的缩短与银行结算体系的完善,逐步形成由短期资金周转、贷款经纪人服务、第三方支付与保险形成的成熟流通性金融体系。流通性金融通过信息匹配、资金安排与风险分担机制三方面保障交易安全,提高交易效率,促进房屋流通。由此可见,流通性金融服务不是孤立的产品与服务,而是依托于二手房交易制度与传统银行金融的完善,由多元参与主体提供的多元金融服务组成的金融体系(见图 4-2)。

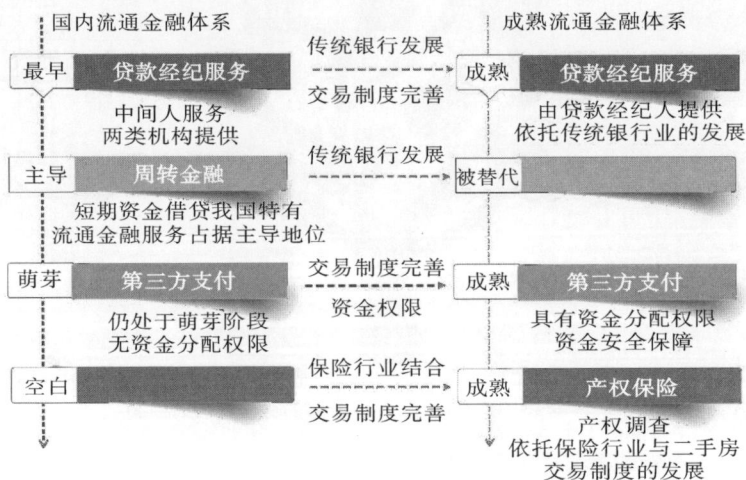

图 4-2　中国特殊流通性金融体系未来升级方向

资料来源:链家研究院整理。

134

当前,随着国内交易本身复杂度的提升、交易周期拉长,特别是随着换购需求的增加,买卖双方对二手房交易的金融服务需求快速增长。从微观层面看,流通性金融的规范和发展对于提升交易效率,实现交易安全及改进用户体验、缩短交易周期等都具有日益突出的作用。从行业中观层面看,流通性金融对于提升存量房的活跃度、扩大房屋供给、平抑房价等同样具有明显的作用。因此,流通性金融是促进房地产经纪行业规范与发展的重要组成部分。

一、中国流通性金融的背景与作用

目前,一线城市的二手房交易量占整体楼市交易量一半以上,二手房交易已然成为主场主导。在二手房市场迅速升温的同时,二手房交易环节也向着多样化、复杂化方向延伸,但随之而来的种种资金需求和风险控制问题常常得不到有效的解决。

(一)流通性金融产生的背景

中国特有的以周转金融为主、贷款经纪服务为辅、第三方支付开始萌芽的流通性金融体系有其自身的背景,其根本原因在于二手房交易制度的不完善与传统金融市场发育不足。具体来看:

第一,交易环节银行结算体系的缺位。二手房交易须以产权清洁为前提,但由于银行结算体系的孤立,中国买卖方贷款银行无法形成资金权利闭环,而第三方支付权限不足,无法具有资金分配权限,卖方必须自行筹资解除抵押。这为周转金融提供了广阔的市场基础。

第二,交易环境日趋复杂,资金支付多次节点与交易环节难点增多,导致二手房交易流程复杂、交易周期长,促使融资需求增加。具体表现为,越来越多不同属性的房屋加入到房屋流通中以及交易双方对资金安全需求的增加,交易环节由“定金、签约、缴税、过户”演变为“定金交付、购房资质审核、产权核验、合同签订、首付款监管、还款解押(赎楼)、住房按揭申请、公证、缴税、过户、物业交割”等环节,交易周期延长伴随着不确定性的增加,增强了买方资金安全的诉求与卖方提前获得房款的动机(见图4-3)。

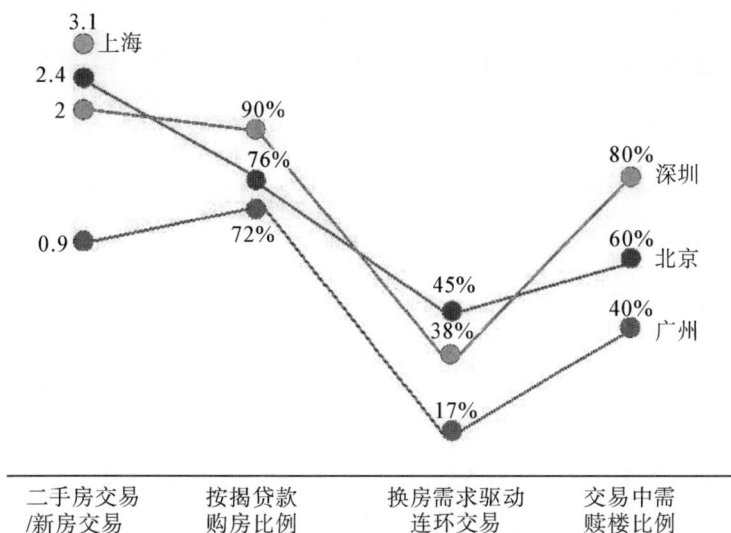

图 4-3 交易环境日趋复杂的体现

资料来源:链家研究院整理。

第三,随着购房政策的不断改革和优化,更多购房资金不充裕的购房者有机会参与到房屋交易市场中来。而受到二手房交易因素多变、资金预算经验不足等因素影响,交易过程中出现的难点不断增多。具体表现为,在出现暂时性少量资金短缺情况时,若没有资金支持,交易无法继续进行,面临中断、违约的情况。

第四,二手房交易的复杂性使得交易安全保障的需求突出。在二手房交易环节中,资金安全仍是核心诉求。缺乏第三方支付的资金监管保障,风险随处可见:(1)房屋产权未做核验导致查封时,买方将蒙受巨大损失;(2)在赎楼环节,卖方拖延赎楼、挪用赎楼资金、赎楼后违约,都会使买方利益受损;(3)单方面违约时,另一方利益可能遭受巨大损失。即便能够通过法律方式追偿相关损失,仍要付出大量时间、精力与资金的成本。

第五,"换房"等改善性需求不断增多,需依托金融业务支持推动房屋流转。在中国一线城市,改善房屋交易已占据30%以上的比例。大部分改善需求人群资金主要来源于原有房屋的出售,因此房款支付具有严格的约束条件:(1)若购房与售房交错进行,售房环节资金回收过程中的任何差错将直接影响下一步购房资金的支付;(2)若先售房再购房,售房周期与购房周期累加导致交易冗长,售房资金到账后心仪房屋极有可能已经被他人买走。加之手续的复杂性,各交易环节易出现操作困难,对换房者的精力和资金的时间成本都是极大的消耗。改善需求人群若通过周转金融支付部分房款,以售房资金作为还款来源,可提前锁定心仪房屋,缩短交易周期,加快房屋的流通速度。中国流通性金融体系形成的背景如图4-4所示。

图4-4 中国流通性金融体系形成的背景

资料来源:链家研究院整理。

(二)流通性金融的作用

尽管现有流通性金融体系处于不完善阶段,但其对于保障交易安全、节省交易时间、缩短交易周期、平滑交易从而推动房屋成交具有重要意义。

第一,实现信息的交互验证,控制交易风险,保障资金安全。金融业务风控环节的严格管控为二手房交易提供了信息交互验证的途径,保障了交易的真实性,有利于控制风险。通过对流通性金融业务、房屋交易双环节的交互审核,完成资料信息比对、金融标的与网签编号对应溯源、专人解除抵押操作、控制抵押物的抵押率等多种风控措施,保障了房屋交易的真实性,排除了大量风险。而资金安全方面,二手房买卖交易资金结构包括意向金、定金、首付款、贷款、尾款、物业保证金等,通过第三方支付,买卖双方将在专业的经纪机构指导下设定合理支付节点,且仅在满足约定的支付条件下启动资金划转指令,房款交付更合理、更专业、更安全。

第二,保障买卖双方利益的同时,解决赎楼需求。在买方帮卖方"赎楼"的环节,买方的资金进入第三方支付后,由第三方支付机构委托专业人员对卖方房屋的债务情况进行核实和办理还款解押手续,保障了买方的资金安全,也解决了双方需求。

第三,帮助"换房"需求人群解决资金周转问题,为更多客户实现住房改善。针对"换房"人群在房屋"一买一卖"的过程中资金需求的问题,二手房交易金融业务不但能为"换房"人群缩短"一买一卖"的交易时间,节省资金的时间成本,还帮助其第一时间锁定心仪房源,竭尽所能地为其实现了住房的改善。

第四,为具有资金需求的卖方提供安全快捷的融资途径,平滑交易。一方面,由于交易周期过长,卖方为提前回收资金或因资金周转着急出售房屋的情况十分常见,但通常银行贷款资金只有在过户后 7～20 个工作日才能完成。另一方面,周转金融业务能够提供给卖方一定资金进行周转,待房屋过户后,卖方再用房款偿还,在风险可控下满足了卖方对资金使用的需求,有助于交易顺利进行。

随着换房需求增多,多个客户的连环交易也明显增多,并且只要其中一个客户出现资金周转的难题,就会形成连锁效应,导致纠纷频发。而金融的介入能够平滑交易,帮助后续流程顺利进行。以北京为例,自限购以来,换房需求就持续增多,目前"买一卖一"的换房客户占到 45%。由于多数改善型客户只有一套房产,需要在较短的时间内同时完成"卖"和"买"两个动作,而二手房交易的办理流程长,"卖旧"资金到位的速度通常都晚于"买新"的付款时点,这期间会产生 1～3 个月的资金周转难题,给正常的房屋交易带来很大的困难。

第五,有助于盘活存量房源,增加供给。仍以北京为例,

2009 年至 2015 年,全市二手房贷款占比从四成左右上涨至七八成(见图 4-5)。近六年的平均贷款占比为 53.4%。随着房价的上涨,贷款额度也明显上升。2016 年第一季度商业贷款的平均贷款额度为 187 万元,是 2011 年的 2.2 倍(见图 4-6)。处于按揭状态的存量房在不断增加,并且从趋势上看,提前还清贷款的比例会呈下降趋势。

图 4-5　2009—2015 年北京二手房成交贷款占比

资料来源:链家研究院整理。

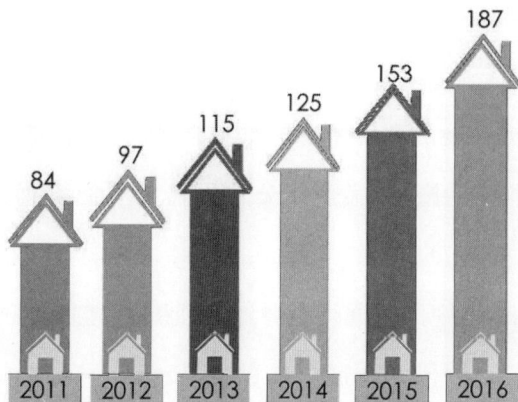

图 4-6　北京二手房商贷平均贷款额度(单位:万元)

资料来源:链家研究院整理。

新中介的崛起与房地产价值链的重构

目前北京存量房规模不断扩大,保守估计至少有 40%~50%的存量房处于抵押还贷的状态,其中在出售时仍然无法通过自有资金还清贷款的比例在 20%~30%之间。700 多万套规模的存量房市场中,如果没有赎楼业务,将有几十万套的住宅无法形成潜在供应。

(三)中国流通性金融发展历程

早期流通性金融服务产生于 2005 年左右,主要是方便经纪公司作为贷款经纪人协助买方尽快取得贷款。由于市场客观需求增加、贷款政策松动等多种原因,以及为平滑房屋交易进行,各经纪公司陆续将金融业务作为战略业务发展,围绕交易流程推出以赎楼贷、尾款垫资等短期贷款为主的金融贷款产品,并结合互联网技术推出理财平台。2016 年随着监管部门陆续出台了相应的监管措施,各大经纪公司周转金融贷款业务暂缓并进行调整(见图 4-7)。

总的来说,中国流通性金融业务经历了萌芽、快速发展和暂缓并调整三个阶段。在这个过程中,经纪公司为主要服务供给者,短期贷款业务为代表的流通性金融逐渐占据重要地位。监管层面,管理者逐渐意识到存量房交易及相关金融业务的重要意义,开始着手出台相关的政策进行规范。

	萌芽	快速发展	暂缓调整
交易量	▭	▬▬	▫
金融定位	交易辅助业务	战略业务之一	探索调整
主要产品	协助贷款	短期贷款、理财	少量理财
政策监管	缺失	逐步规范	着重规范，审核资质
	2005年	2013年	2016年

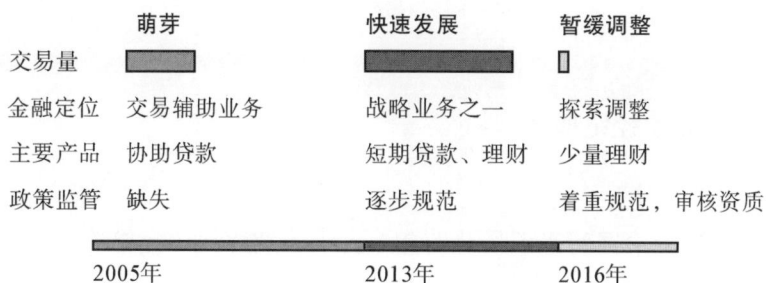

图 4-7　流通性金融的发展阶段

资料来源：链家研究院整理。

二、中国流通性金融业务的实践

　　由于经纪公司更接近交易，也更了解客户需求，目前其已成为中国流通性金融服务的主要提供者。在中国特有的流通性金融体系中，最早由经纪公司分离出贷款经纪人职能，后期周转金融占据核心地位，第三方支付行业处于萌芽阶段。

新中介的崛起与房地产价值链的重构

(一)贷款经纪服务

随着中国利率市场化与银行差异化竞争加剧,贷款产品的丰富,以及交易复杂度提升,中介机构将银行贷款产品与客户贷款需求进行撮合,并协助客户在银行获得贷款,协助面签、批贷、放贷等流程的推进。贷款经纪服务的收入来源于中介服务佣金与银行返点收入。其中,提供贷款经纪职能的中介机构可分为两类:(1)部分传统经纪公司由于深入交易,具有客户优势,协助买方贷款匹配与获得优惠利率;(2)金融机构则虽然远离交易,但具有资金优势,能够为客户寻找更低成本的贷款。中国中介机构贷款经纪服务模式如图 4-8 所示。

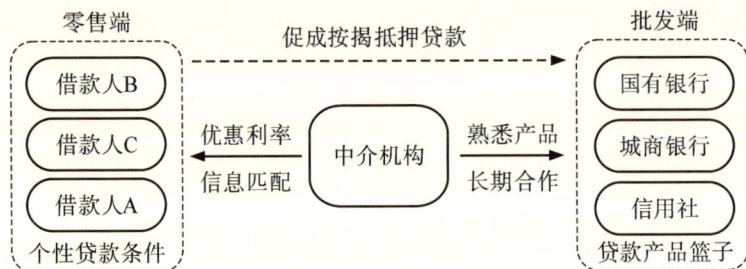

图 4-8　中国中介机构贷款经纪服务模式

资料来源:链家研究院整理。

(二)流通性金融代表性短期贷款产品

基于二手房交易中短期融资需求,经纪公司与部分担保融资公司提供周转金融服务,衍生以赎楼贷和尾款垫资最为普遍的短期贷款产品。周转金融为中国特有,是在交易流程中引入买卖双方与银行以外新的债权主体与债务。在成熟流通性金融市场中周转金融已被银行结算体系或第三方支付所替代。

1.赎楼贷款

在中国二手房的交易制度中,二手房必须在无抵押的状态下才可过户。因此业主在无力偿还贷款的情况,产生融资需求以偿还剩余按揭贷款,解除贷款银行抵押,进而推动后续的交易流程,赎楼业务由此出现。目前主要有两种形式:

第一种为额度赎楼,常见于深圳市赎楼业务中。由融资担保公司利用银行授信额度作为短期贷款资金来源,为卖方偿还原有银行按揭贷款,担保费用一般在贷款额度的 0.8%～1%。

额度赎楼可由业主申请,也可由买方申请,但均以买方获得银行贷款批复函为前提(图 4-9)。若卖方申请,需支付融资担保公司要求的融资费用与担保费;若买方申请,只需支付担保费。

第二种,互联网金融平台为卖方匹配投资者资金以作为贷款来源。相比额度赎楼,贷款利率水平更低,成本更低,申请时

新中介的崛起与房地产价值链的重构

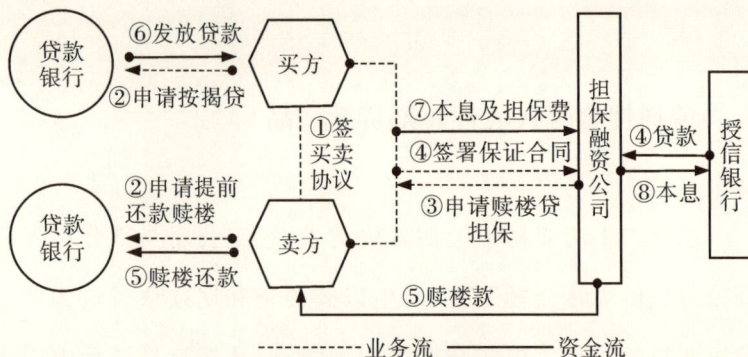

图 4-9　额度赎楼业务流程

资料来源：链家研究院整理。

间更快(图 4-10)。

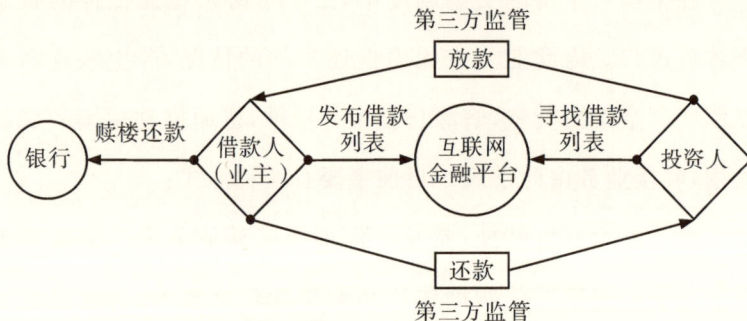

图 4-10　互联网金融平台赎楼业务资金流向

资料来源：链家研究院整理。

总体上，无论何种方式，赎楼贷款的基本场景都是卖方作为借款人付清所出售或抵押房屋的贷款本息并注销抵押登记，将房产赎出，以便房屋交易过户。这种情况通常发生在买卖双方已经签订买卖合同、房价已经锁定的情况下,临时(短期)提供给原业主归还结清原有按揭贷款余额的赎楼款。

2.尾款垫资

2015 年交易数据显示,尽管各地区交易流程不尽相同,但从银行面签至放款的平均周期为 30 天左右。在部分地区,如北京市的海淀区和朝阳区等,这一周期基本超过 40 天。因此在该期间,如果卖方急于拿到尾款,则需通过尾款垫资产品解决。在银行批贷后,经纪公司或其他机构为业主先行垫付尾款,待银行放款后,卖方再偿还中介公司或其他机构。

从产品本身的属性和风险角度看,借款人在房屋买卖交易过程中,通常已取得银行批贷函,而且是在买卖双方合同已签、价格锁定且买方银行按揭贷款已经审批但未下款的情况下,为避免买方延期付款暂时代买方垫付房屋尾款。额度以银行批贷总额为限,因此,也不存在加杠杆的问题,风险也相对可控。见图 4-11。

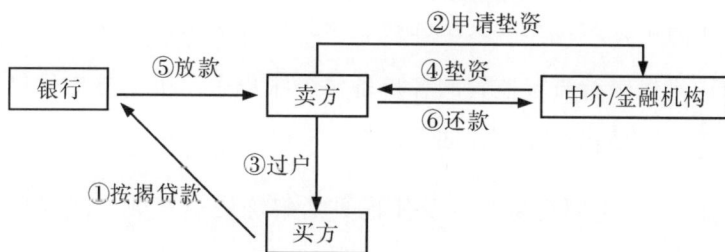

图 4-11 中介/金融机构尾款垫资流程

资料来源:链家研究院整理。

(三)第三方支付萌芽

今天,房产交易过程中信任缺失及资金风险依旧是困扰着买卖双方的难题。确保二手房交易资金安全,协助买方做好风险防控,也是政府首要考虑的问题。现有银行主导的资金监管产品,虽然在一定程度上弥补了二手房交易的资金风险,但存在无法监管定金等小额房款、房款解冻缺乏灵活性、仅能上班时间排队办理等问题,不能很好地满足消费者需求,因此为第三方支付的出现提供了创新空间。

目前二手房领域的支付业务还处于萌芽阶段,作用与"支付宝"类似。第三方支付业务也是四方参与,分别为买方、卖方、中介公司与第三方支付机构。第三方支付机构通过提供第三方支付平台解决交易资金安全问题。房款存管于第三方支付机构在中国人民银行直接监管的客户备付金账户中。第三方支付机构将中介机构作为线下商户,将房产交易涉及的相关资金放在平台上,根据不同交易节点及凭证灵活解冻资金至业主或返还客户,保障资金安全,起到资金监管的作用。但第三方支付业务不具有资金处置权限,无法从根本上解决房屋抵押解除环节问题(见图 4-12)。

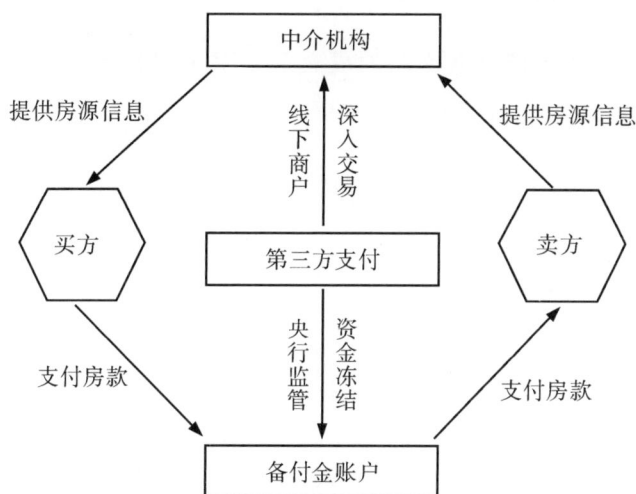

图 4-12　第三方支付资金监管流程

资料来源:链家研究院整理。

三、成熟市场流通性金融体系

　　成熟市场流通性金融体系由贷款经纪服务、第三方支付与保险组成,其背后的逻辑在于:(1)抵押经纪人对买方需求、偿债能力与贷款产品进行匹配,降低信息不对称程度,提高贷款效率;(2)第三方支付通过资金安排,打通房屋抵押、税费缴纳等核心环节,保障资金安全、提高交易效率;(3)保险则通过风险分散

新中介的崛起与房地产价值链的重构

机制保障房屋标的与产权安全,促进房屋交易流通。其发展的驱动力在于传统金融市场的成熟与二手房交易市场的发展,多元主体多样服务的配合,减少了交易的不确定性,平滑交易,促进房屋流通。房源信息生产、分发、匹配和交易环节见图 4-13。

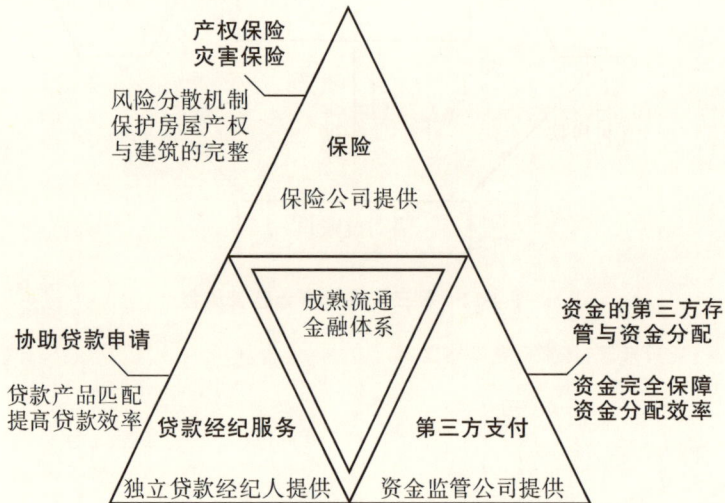

图 4-13 房源信息生产、分发、匹配和交易环节

资料来源:链家研究院整理。

(一)贷款经纪服务

贷款经纪服务本质为信息中介服务,由抵押贷款经纪人提供。抵押贷款经纪人基于贷款产品与贷款流程的专业知识将买方个性贷款需求与更强偿债能力、更高效率、更低成本匹配银行贷款产品,降低信息不对称程度,提高贷款效率。

贷款经纪服务的具体服务模式是:抵押贷款经纪人作为多方中间人,连接贷款机构批发端,熟悉贷款产品与审批条件,了解零售端借款人的个性贷款条件与贷款需求,连接第三方参与者,通过征信公司获得借款人信用报告,通过评估公司获得评估报告,通过产权公司获得产权调查报告,通过担保公司提供对贷款机构违约补偿的抵押保险(见图 4-14)。

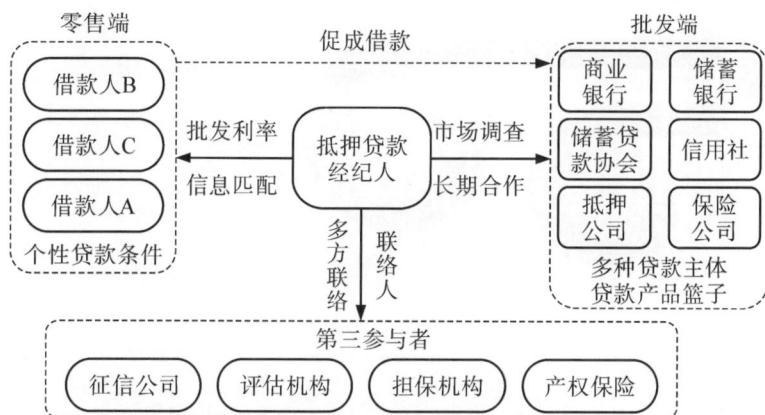

图 4-14　美国贷款经纪服务模式

资料来源:链家研究院整理。

因此,抵押贷款经纪人具有降低交易成本、缓解信息不对称、提高交易效率的功能。降低交易成本体现为减少借款人对贷款银行与贷款产品的搜寻成本、降低借款人不成交风险、协助借款人获得优惠批发利率,并使得贷款机构经营成本降低。缓

新中介的崛起与房地产价值链的重构

解信息不对称与提高交易效率体现为,通过个人的职业信誉与专业化技能,连接零售端、批发端与第三方参与主体,一方面替代了贷款机构原有的信息收集、评估职能,向借款人提供专业化咨询服务;另一方面,作为中间人使得信息在零售端、批发端与第三方参与者之间充分交流(见图 4-15)。

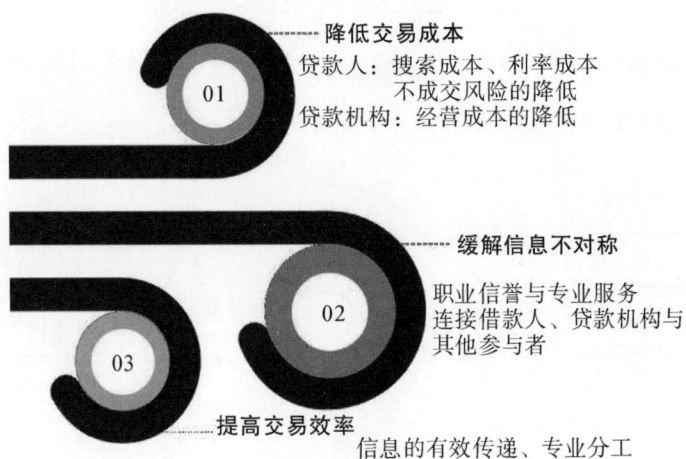

降低交易成本
贷款人:搜索成本、利率成本
不成交风险的降低
贷款机构:经营成本的降低

缓解信息不对称
职业信誉与专业服务
连接借款人、贷款机构与
其他参与者

提高交易效率
信息的有效传递、专业分工

图 4-15 抵押贷款经纪人市场功能

资料来源:链家研究院整理。

1.抵押贷款经纪人职能

抵押贷款经纪人最早来源于银行抵押贷款失业人员的灵活就业安排,受到严格法律监管。贷款经纪人在交易前,必须熟悉抵押贷款市场与开发客户;在交易流程中进行信息匹配、贷款资格预审、相关文书处理,最终完成贷款的闭合,取得约定贷款利率与额度(见图 4-16)。

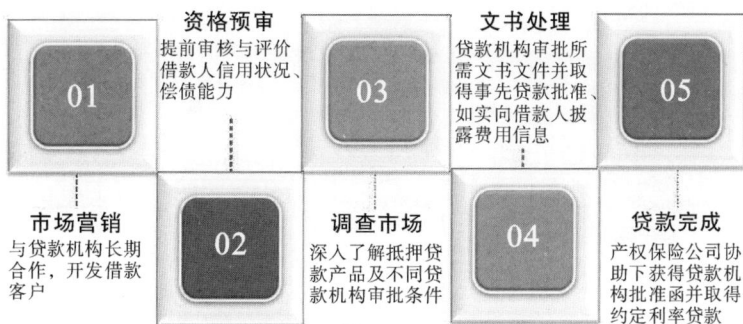

图 4-16　抵押贷款经纪人职责

资料来源:链家研究院整理。

2.金融创新背景下抵押贷款经纪人的发展

抵押贷款经纪人的快速发展与美国利率市场化和金融创新密不可分:第一,银行竞争加剧,促进贷款发放、流程服务的分离,以及贷款发放渠道的分离;第二,次贷市场的快速发展,为贷款经纪业务提供了广阔的市场;第三,伴随着抵押贷款市场业务分离,形成了一批专业化贷款服务人员,负责开发客户、创造贷款业务;第四,随着银行抵押贷款产品的日渐丰富,非标准化差异扩大,借款人选择匹配难度加大;第五,银行大规模合并及资产证券化使得贷款现金流快速回收,放贷能力增强,非存款金融机构加入抵押贷款市场竞争,贷款主体增加。见图 4-17。

3.抵押贷款经纪人收益模式及行业规模

抵押贷款经纪人收入主要来源于佣金与收益利差,即实际贷款利率高于银行最低利率的溢价部分,其中佣金收入占比达

新中介的崛起与房地产价值链的重构

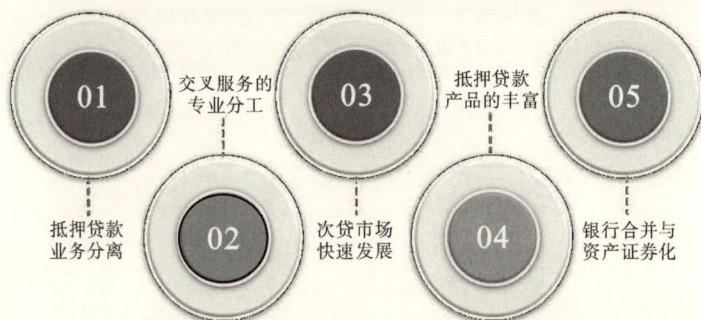

图 4-17　抵押贷款经纪人发展背景

资料来源:链家研究院整理。

80％。但随着美国金融市场危机后监管改革,为避免抵押贷款经纪人私下提高利率的逆向选择,利差收入监管趋严(见图 4-18)。

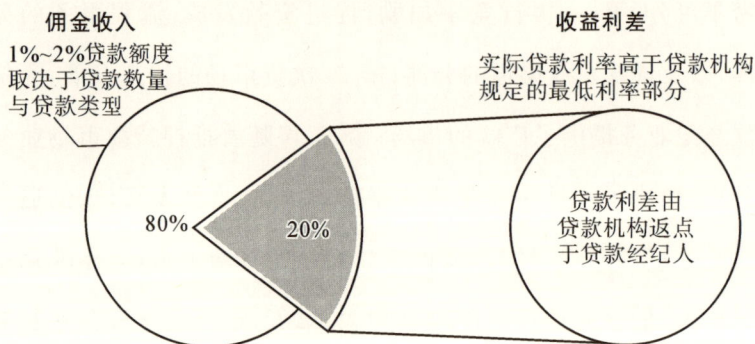

图 4-18　美国抵押贷款经纪人的收益模式

资料来源:链家研究院整理。

抵押贷款经纪人在美国、加拿大、澳大利亚等国家是抵押贷款的重要渠道。20 世纪 90 年代美国抵押贷款经纪人数以超过

14％的年增长率增加。但金融危机爆发后,抵押贷款经纪人从业人员从 2006 年 25 000 人减少至当前 5 000 人,市场份额由 30％下降至 10％以下(见图 4-19)。而加拿大抵押贷款来源于抵押贷款经纪人的比例由 2005 年 22％上升至 2015 年的 31％,其中全国六大银行中达 27％来自贷款经纪人。澳大利亚目前有 18 633 名从业人员,抵押贷款经纪人创造了 2014 年 63.7％的新增抵押贷款。

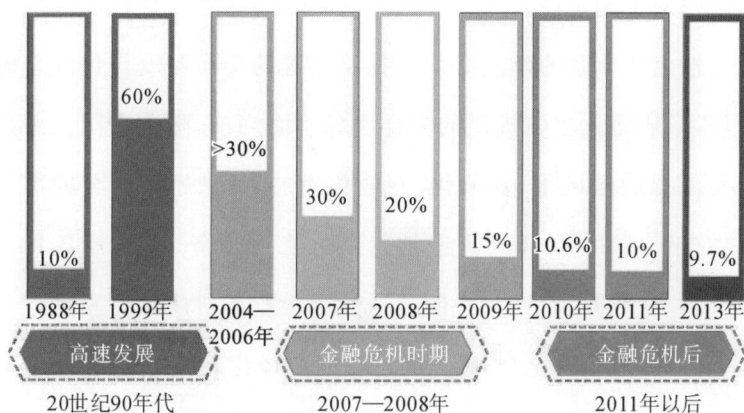

图 4-19　美国抵押贷款经纪人市场份额变化

资料来源:链家研究院整理。

四、总结与建议

总体而言,流通性金融的关键作用在于保障交易安全,平滑交易中的不确定性,让交易流程更顺畅,而非加大杠杆。成熟的流通性金融体系的建立必须依托于完善的交易制度与传统金融市场,形成多元主体提供的多样服务。而当前,随着中国二手房交易流程的区域化、复杂化、专业化发展,越来越多的金融需求从中产生,同时也暗含着违约、诈骗、隐性债务、查封等各种风险,亟须专业的、有针对性的流通性金融业务对房屋交易进行支持。因此,流通性金融应该成为房地产经纪行业规范与发展的重要组成部分,为此,我们提出以下几点政策建议:

第一,充分研究和认识流通性金融在二手房交易中的"润滑剂"作用。建议住建部、央行、银监会、保监会等部门针对二手房交易中产生的流通性金融业务组织专项课题研究,对市场中流通性金融的组织形式、作用及风险进行充分的研究与认识,可组织相关中介机构作为项目组成员参与研究。在研究项目落地的过程中,可以考虑选择参与研究的中介机构作为试点与实验对象,对金融业务的操作细节和流程规范进行尝试探索。

第二,在充分研究的基础上,促进跨部门合作,建立合乎国情的监管体系。流通性金融是金融服务与二手房交易结合发展的自然结果,单一的监管主体与监管方式无法适用。因此,在对流通性金融充分研究论证的基础上,建议央行、银监会、保监会与住建部建立跨部门合作,推动相关监管法律的建立,明确监管主体与行业规范,建立合乎国情的监管体系,促进流通性金融体系的成熟发展。

第三,区分对待不同风险系数的流通性金融业务,实施差别性调控。二手房交易具有复杂性、专业性、风险性,交易流程的不同环节风险控制手段也依具体交易情况的不同而多种多样。因此,与此对应的流通性金融服务风险程度有所差异,"一刀切"的调控方式无法适应流通性金融的发展,应实施差别化调控政策,保证风险可控下,促进流通性金融业务的健康有序发展。

第四,在风险可控的条件下,鼓励流通性金融服务提供者的多元化。流通性金融成熟发展的体现之一便是参与主体多元化、服务类型多元化,满足交易流程产生的资金需求、安全需求等多种需求,保障买卖双方的合法权益。因此,在风险可控的条件下,鼓励流通性金融服务提供者的多元化。在利率市场化推进的过程中,鼓励银行业参与房屋抵押贷款结算与贷款发放和贷款渠道的分工。基于互联网技术与银行结算系统,促进第三方支付发展,保障资金安全。基于保险行业发展,促进保险与房屋交易的结合,有助于风险分担。对已提供流通性金融服务的经纪公司明确准入条件与操作规范,发挥深入交易、了解客户需求的优势。

第五,充分吸收互联网技术,为交易双方提供更好的金融服务。近年来,金融创新、互联网技术的发展,给中国互联网金融业务的发展奠定了基础条件。借助互联网技术,买房需求、卖房需求、资金需求、投资需求可以突破时间和地域的限制,实现匹配。应当充分利用互联网技术,促进第三方支付发展,提供更好的服务质量,更快匹配交易过程中的资金需求与安全保障,从而达到提高房屋流转效率的目的,促进"普惠金融"的发展。

第五章

移动互联网

• 只有把信息的维度从房源信息扩展至决策信息,把信息生产和交互的方式由 PGC(专业生产内容)转向 UGC(用户生产内容),特别是实现委托的互联网化,信息困境才能从根本上破解。

• 互联网改变经纪行业的根本是彻底打破传统的成本结构,从而实现规模效应与网络效应的极致统一,这两种效应的叠加将会产生极强的正反馈效应,势不可当地对整个行业产生根本性改变,用户体验才具备彻底改变的基础条件。

尽管互联网的出现和普及从根本上改变了人们沟通、获取信息、体验服务的方式。今天,互联网已经成功地改变了人们购物和出行的方式。用户也能感觉到京东、滴滴与传统服务的显著差别,但是"衣食住行"中的"住"(房屋交易)却依然改变甚微。无论是线上的信息层面,还是线下的服务层面,目前用户的房屋交易体验仍然不好,互联网带来的改变十分微弱。近两年,移动互联网更是风起云涌,标准化的商品领域和非标准化的本地服务领域都已经被深刻地改变。展望未来,在房屋交易领域,互联网将带来怎样的变化及从哪些层面带来变化值得探究。

一、关键变化

于今回顾,互联网改变房地产经纪行业已有不少年的历史,并大致经历了两个阶段:

第一阶段是所谓的"O2O"(线上对线下)阶段。这一阶段的典型特征有三个:(1)买方的互联网化居于主导。与卖方相比,买方与互联网的结合更早更深更主动,表现在数据上,卖方的互联网委托占比依然极低,甚至可以忽略,相反,绝大部分的买方已经将互联网视为获取信息的第一渠道。(2)媒体化,背后的核

新中介的崛起与房地产价值链的重构

心驱动力是消费者注意力的转移,互联网成为买方获取信息的第一渠道。同时,广告跟着眼球走,互联网公司的商业模式以线上广告为主,互联网冲击和替代的是线下媒体。(3)线上与线下既分离又合作,两者处于"貌合神离"的尴尬状态。线上的互联网媒体公司传递信息,线下的经纪公司提供服务,但是,简单粗暴的互联网端口广告模式无法从根本上提升信息交互的效率,相反却加剧了线下经纪公司之间的恶性竞争。尤其是房地产交易下行周期中,这种恶性竞争最终会演变成线下对线上的激烈反抗,两者由合作走向冲突,走向决裂,这种景象在最近两年表现得淋漓尽致。某种程度上,也正是这种内在冲突推动了行业的进一步裂变。见图 5-1 所示。

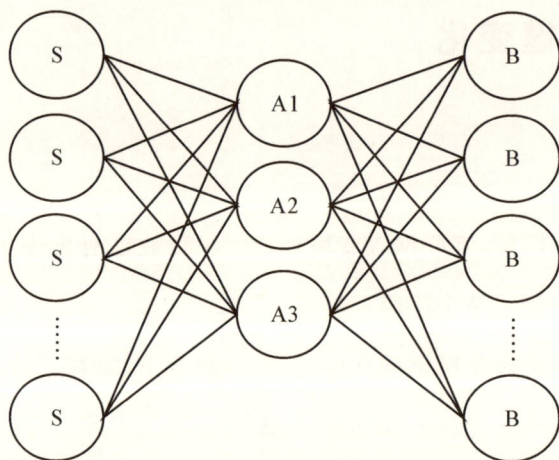

图 5-1 互联网与经纪行业的改变:"O2O"阶段

资料来源:链家研究院整理。

第二阶段是我们所理解的"E2E"(End to End,端到端)阶段。这一阶段的关键变化是:(1)线上与线下的界限开始消失,互联网公司从媒体走向交易,商业模式从广告转换为佣金,可以说是媒体经纪化。交易型经纪公司从线下走向线上,开始打造自己的线上平台,通过互联网为经纪人提供客源,并通过内外网的统一规则引导经纪人的行为,可以说是经纪互联网化。(2)交易闭环的形成。这个阶段的行业代表性公司都开始更加强调交易服务的能力,纷纷打造属于自己的、可控的交易生态和交易场景,尽可能掌握从流量到交易的更多环节,此时,衡量公司能力和竞争壁垒的关键点在于交易效率和交易份额。见图5-2所示。

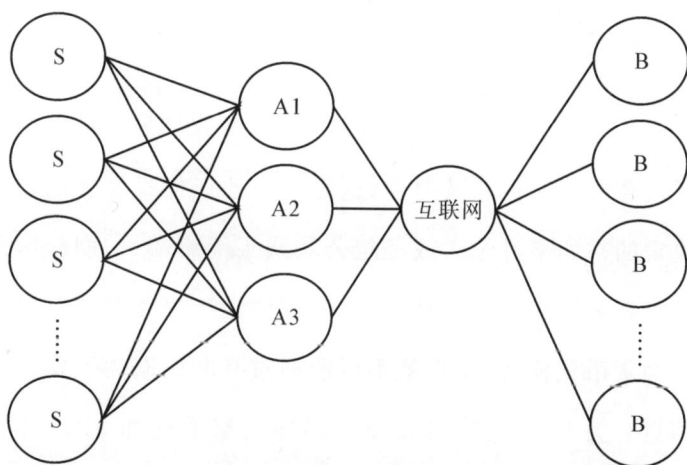

图 5-2 互联网与经纪行业的改变:"E2E"阶段

资料来源:链家研究院整理。

二、三个困境与三个方向

在可以预见的未来,互联网能够在多大程度上改造经纪行业将主要取决于能否突破"三个困境":信息困境、服务规模化困境、网络化困境。

(一)三个困境

第一是信息困境。具体而言:(1)具有媒体属性的公司无法保证信息的真实性和及时性,这是由房地产信息媒体的内在属性决定的。如果经纪人或经纪公司购买网络端口、刷新房源的目的是获客以带来成交转化,又或者房地产媒体公司只能以广告作为货币化模式,用户就不可能通过互联网获得真实和及时的信息。关于这一点,即使是在美国独家委托和 MLS 体系之下,美国最大和最有能力的媒体公司 Zillow 也未能解决。在中国多家委托和混乱的内部信息条件下,单纯的互联网信息媒体要想实现全面、及时、准确的房源呈现几乎是不可能的,这是行业困境,也是未被满足的最大的用户痛点。(2)具有交易属性的公司无法保证房源信息的全面性。基于交易和服务能力,经纪公司往往能够或者有条件保证房源信息的真实性和及时性,却无法保证全面性,毕竟全面的房源背后是交易份额必然足够大,原则上只有当一个公司在本地的市场份额达到40%~50%甚至更高时,才能保证获取80%~90%的市场份额。考虑到交易服务的规模化效率问题,达到如此之高的市场份额往往需要较长的时间,同时也需要对经纪人的信息获取、上传、动态更新实施严格的管理,这同样是一个挑战。

第二是服务规模化困境。相对于其他行业,房地产交易的规模效应没有那么明显,这里有两个原因:其一,线下服务本身很重,依赖人,缺少规模效应,提供下一次服务的边际成本不可能明显下降;其二,到达规模效应的临界点不容易获得,大部分公司的规模只能保持在临界点之下,小公司盛行。

在美国,整个20世纪的绝大部分时间里,房地产经纪行业都是手工或家庭作坊式的。最大的、全国性的经纪公司也都很小,有200个经纪人的公司已经算是大公司了。1970年开始的几个初创公司通过特许加盟的方式走向全国化和规模化,例如成立于1973年的21世纪、成立于1971年的ERA。这些公司之所以能在后来越来越大(如RE/MAX可以拥有超过10万个经纪人),是因为它们都采取了轻资产的特许加盟模式,本质上反映的是品牌的规模效应。见图5-3所示。

那么,如何才能"重而高效",潜在的可能性将来自两个方面:其一是口碑,如果既有的、历史的用户基础为经纪人推荐客户或重复交易,能够使服务的边际成本下降;其二是服务密度,随着市场规模的扩大,经纪人的服务密度提升,有效工作时间变长,或者单位时间内的工作价值量变高,这个阶段的公司便会具备较高的效率,从而有能力使服务的成本下降,实现用户数量的进一步规模化,规模化的正反馈得以建立。

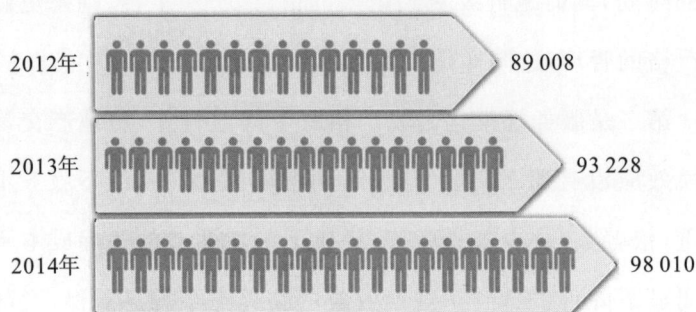

图 5-3 RE/MAX 的经纪人规模(单位:人)

资料来源:RE/MAX 年报,链家研究院整理。

第三是网络化困境。网络的价值取决于已经连接到这个网络的其他人的数量,连接到一个较大的网络比连接到一个小的网络会产生更大的用户价值,即越大越好。这种网络效应之所以更重要、更强烈,是因为它能产生更大的正反馈效应。正反馈一旦建立便势不可当,最终的结果是赢者通吃,产生垄断。在房地产领域,更多的买方会吸引更多的房源,更多的房源也会吸引更多的买方,即买卖双方之间的平台具有一定程度的网络效应。同时,如果一个平台能够同时吸引足够多的买方和卖方,那么它也会引致更多的经纪人使用,从而使"盘、客、人"在这个平台建立一个"三方交互关系"。

然而,相比之下,经纪服务的网络效应普遍偏小。首先,房地产交易网络没有想象的那么大。虽然房产交易规模超过 10 万亿元,然而极高的每客单价意味着房地产交易网络可能只涉及几千万人,用户基础太小。其次,低频交易的特征使单一用户的重复交易价值不高,用户黏性极弱。

基于这些考虑,增加网络价值的其他途径将会在于:(1)增加服务的品类,提高一个用户的重复使用价值,这既可以包括为用户全生命周期内提供包括租房、新房、二手房等在内的所有住房交易服务,也包括围绕交易提供更多的衍生服务,如融资、装修等。(2)通过提供差异化的服务提高用户的转移成本,从而给予每一个用户更多的理由,让他们不离开网络。(3)最重要的,将服务的范围由交易之中提前到交易之前,从而使网络覆盖的用户基础由交易用户变成所有拥有房产的用户和所有潜在的买房用户。当一个网络不只是着眼于交易服务的时候,它才会把眼光投向更广泛的群体,中国每年的房屋交易套数只有 400 万套左右,但是中国的业主数量高达数亿之多,这才应该是被关注的用户基础。

(二)三个方向

第一是把信息的维度从房源信息扩展至决策信息,把信息生产的方式由 PGC 转向 UGC。虽然房源信息的全面、及时、真实对于买卖双方的交易决策十分重要,但是,在一个漫长的房屋交易决策中,房源信息绝非全部,"泛决策信息"也许更加重要。具体而言:(1)本地信息,学区、医院、商店、交通等信息也是构成房屋决策的重要内容。(2)估值信息,当房价结束单边上涨,趋于双向波动的时候,估值对于房屋交易的重要性明显提升。估值的重要性不在于准确性,而在于让消费者的决策更透明、更主动。(3)经纪人评价信息,消费者普遍对经纪人缺乏信任感,亟待建立一个客观可信的经纪人评价体系。直到今天,这个体系仍然是缺失的,拥有交易能力的经纪公司没有动力建立评价机制,拥有动力的互联网公司没有能力。

除了信息的维度之外,信息的产生方式同样重要。今天的信息生产在很大程度上仍然依赖于经纪人即所谓的"PGC",在没有信息保护的情况下,让经纪人生产和传播真实信息是对人性的违背。因此,为了实现从根本上摆脱这种局面,一个潜在的方向是通过互联网的方式降低用户主动生产信息的障碍,创造更多的 UGC 方式,例如运用"业主预售"等方式以降低经纪人在信息生产中的影响力。如果更进一步,逐步从"业主预售"变成"业主委托",那么必将成为决定经纪行业未来走向的系统性力量。如果未来卖方委托房源的第一接触点从经纪人和门店走向互联网,那么整个交易流程都将从根本上改变。

此外,信息交互的方式也是影响信息质量的一个重要方面,今天的卖方与买方在很大程度上仍然在通过经纪人实现信息交互,未来预计会有更多的方式让买卖双方在信息层面实现直接交互,从而把经纪人出现的时机推到线下的服务端。

第二是组织关系的重塑。互联网可以被视为一种新型的组织关系,它会重塑公司与经纪人之间、经纪人与经纪人之间,以及经纪人与管理层之间的关系。

从美国的实践来看,互联网带来的改变是把传统意义上的"MLS+经纪人"组织关系转变为"互联网信息平台+经纪人",从而导致旧有的 MLS 平台在个别城市的衰落,经纪人依托互联网走向更加独立的方向。例如,今天的经纪人可以在将房源录入 MLS 之前先展示到互联网上,或者直接脱离 MLS,只在互联网上展示,目前这一比例正在快速上升。

澳大利亚则是另一个有趣的案例。在互联网之前,这个国家并没有类似于美国的传统平台 MLS,经纪行业的核心组织关系是"公司+经纪人"。20 世纪 90 年代中后期,随着互联网媒介的崛起,房地产媒体公司 REA 通过联合当地最大的经纪公司,对接它们的内部 ERP 系统,实现了房源的整合和互联网化,真房

新中介的崛起与房地产价值链的重构

源的实现进一步促进了用户的增长。当房源与用户平台发展到一定规模,REA 对经纪公司和经纪人的垄断能力便显现出来,今天 90%以上的澳大利亚经纪人都是 REA 的付费客户,从而使之在客观上成为一个互联网化版本的 MLS(见图 5-4)。与美国不同的是,互联网在这里主要重塑的是互联网与经纪公司的关系,经纪公司与经纪人之间的关系没有发生实质性变化。如果说美国的互联网带来的组织变革是"互联网＋独立经纪人",那么,澳大利亚的变革则是"互联网＋经纪公司"。英国的情况与澳大利亚类似,英国也同样出现了一家类似于 REA 的公司 RMV。

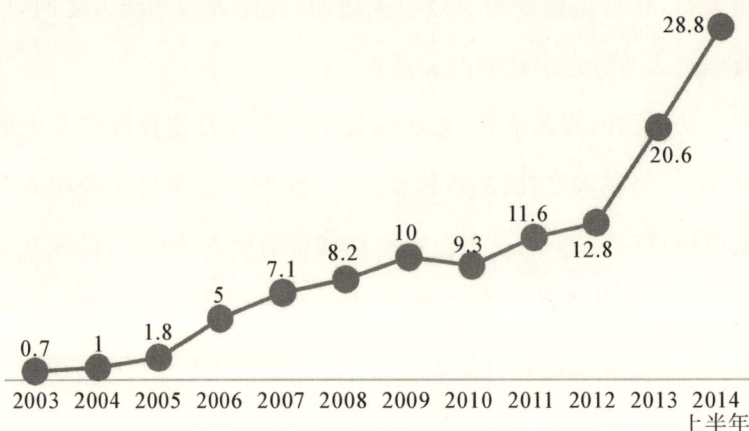

图 5-4　澳大利亚 REA 企业的房源整合带来了用户的扩张(单位:万人)

资料来源:链家研究院整理。

对比美国和澳大利亚,中国既没有独家委托,也没有 MLS 和完备的游戏规则,这意味着任何一个互联网媒体都难以通过对接经纪公司的 ERP 实现真房源,也意味着短期内不可能出现独立经纪人的组织关系。

在互联网的浪潮下,中国未来的组织结构很可能是一种复合的关系,即公司化的互联网平台＋管理者＋经纪人:(1)终极的互联网平台可能从公司内部延伸出来,只有居于垄断地位的经纪公司才能实现线上的真房源,才能真正吸引潜在用户,建立房源与用户的双边平台。因此,如果说美国是市场化的 MLS,那么中国将会出现公司化的 MLS。(2)平台上的作战单元既非公司,也非独立经纪人,而是混合在一起的"A＋M"(经纪人＋管理者)。在缺少规则和经纪人专业素质普遍较低的背景下,M(管理者)的存在是以必要的管理来代替没有规则的市场,从而提升交易效率。(3)长期来看,如果职业化经纪人时代最终来临,这种组织关系最终也可能过渡到"公司化平台＋职业化经纪人"。

第三是交易流程的重塑。二手房的交易流程相比于新房而言更为复杂,但仍基本遵循交易双方形成意向后进行房款支付,办理相关过户手续的原则。从目前交易流程来看,参与到整个二手房交易的机构类型不少于五类,其中中介机构参与的主要以从委托到签约的撮合部分为主。后续涉及的交易手续多为与其他机构的相互配合(见图 5-5)。市场中绝大多数大型中介公司由于业务的需要,已经逐步向签约后的金融交易环节进行了渗透,包括贷款、房款的支付与监管等方面都形成了成熟的业务体系。虽然 2016 年互联网中介的进入给市场带来了一定的改变,但其更多是依靠低佣金策略来针对客源的获取渠道进行改

新中介的崛起与房地产价值链的重构

造,而在交易流程方面贡献不大,基本延续了传统中介线下业务操作的模式。

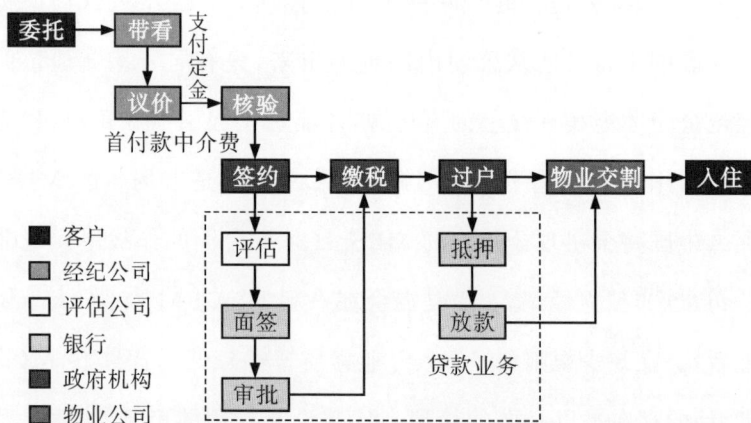

图 5-5 二手房业务交易流程图

资料来源:链家研究院整理。

我们认为,未来交易流程改造的核心是能够通过建立大数据和进行数据分析,推动线上的升级,形成闭环优化管理,提升交易效率。具体包括以下环节:

其一,标准化。交易流程拆分,实现专业分工;经纪人方面,买方经纪人和卖方经纪人专业分工。具体包括将实勘、维护、录入数据等环节指派专业团队各司其职,降低由于业务交叉而导致的资源信息垄断现象。比如传统经纪人并无动机录入房源数据,将房源录入环节指定专人负责可以降低经纪人之间的恶性竞争所导致的信息垄断,从而实现资源充分共享。

其二,建立大数据。媒体只能掌握静态信息,只有掌控交易的公司才能掌握动态信息。可将线下各个环节的交易行为变成可衡量、可比较的线上数据，据此判断客户意愿度、确定交易失利的原因等，并据此提出具有针对性的改善措施。

其三，数据优化改善。通过对沟通、带看、客户评价等数据进行分析，提供客户分级，确定重点跟踪客户，提高产能。重点跟踪和突破优质客户、提升客户体验。

总体上，信息维度的扩展、组织关系的互联网化及交易流程的重塑最终带来的结果将会是经纪行业成本结构的彻底改变，从而实现规模效应与网络效应的极致统一。在纯线下经纪公司主导的时代，决定企业成败的关键因素是规模效应；在互联网的纯媒体化时代，决定媒体公司成败的关键因素是网络效应；而在未来，决定企业成败的关键则是网络效应与规模效应的完美结合。从这个角度看，这种结合是困扰几乎所有行业参与者的关键瓶颈，具有一部分网络效应的互联网公司尚未证明线下规模化的能力，它们大多正处于线下的泥沼中难以自拔；而具有先发规模效应的经纪公司也正在努力搭建自身的网络化能力。尽管最终的格局仍然有一定的不确定性，但是可以确定的是，未来在移动互联网改造传统经纪行业的过程之中，如果我们既能在交易服务层面实现规模效应，又能在信息传递和经纪人交互层面实现网络效应，那么，这种双重效应叠加在一起将会产生极强的正反馈效应，势不可当地对整个行业产生根本性改变，用户体验才具备彻底改变的基础条件。

第六章

行业监管体系

• 法律规范的作用在于界定五种关系：一是规定经纪人与客户的关系是代理，还是居间；二是设立行业准入门槛；三是制定经纪人执业准则；四是构建行业投诉和处罚机制；五是创建经纪人执业保护机制。

• 一个专业的行业协会可以发挥三种作用：一是促进行业交流、协调、沟通。协会是政府与企业有效沟通的桥梁。二是制定行业标准和规范。三是调解会员之间、会员与非会员之间的纠纷，并在职权范围之内，给予违规机构和人员以惩戒。

　　房地产经纪行业的监管体系包括法律约束、行业自律和管理机制三个层面。行业监管的核心诉求是为规避行业三元困境：其一，消除信息不对称，扩大房源信息曝光的广度、深度和速度；其二，解决行业"搭便车"问题，保障信息生产者利益不受损害；其三，抑制从业人员的道德风险。而且，行业监管还起到提升成交安全、效率、体验的作用。

一、法律约束

　　法律约束的意义在于顶层设计，为行业划设底线、建立准绳和评判标准，这是行业有效、健康运行的基础。从国际经验看，美国、日本、中国香港和中国台湾地区，经纪行业都形成了以专门法律为最高准绳，其他规范、规则相配合的监管法律体系，主要内容涉及行业基本法律关系、准入、执照制度、投诉处罚、执业保护五个方面。从中国现状看，行业法律规范虽多，但法规之间多有冲突和不合时宜之处，而且没有上位法律统领，监督、执行和惩罚机制也不健全。

新中介的崛起与房地产价值链的重构

(一)作用：法律约束是底线和红线

法律对人的行为会产生三方面的作用：一是指导作用，告诉人们何者可为，何者应为，何者禁为，以及违禁的法律后果，从而影响人的行为；二是教育作用，通过惩戒，促使人悔改，去恶从善；三是价值评判，法律作为权衡尺度给人们提供评判、衡量行为是非、善恶标准的作用。

法律约束是经纪机构和从业人员执业行为的"底线"。当然，"底线"并不意味着"低"，也可以做成"高标准"，就像美国《房地产执照法》那样，可以将道德诚信准则写入法律。

(二)国际经验：定代理、高准入、提素养、严处罚、妥保护

美国、日本、中国台湾、中国香港等国家和地区针对房地产经纪行业的法律规范主要有以下五大维度：一是规定经纪人与客户的基本法律关系，明确是代理还是居间，从而奠定制度基石和创新逻辑；二是设立高标准的行业准入门槛；三是制定经纪人执业准则，不断提升从业人员的职业素养；四是构建行业投诉和处罚机制，震慑违规行为；五是创建经纪人执业保护机制，为经

纪人创造一个安全的从业环境。

五大维度之间相互联系、相互支撑,确立了经纪人与客户的基本法律关系,进而框定经纪人的执业准则,明晰何为违规,需要怎样的处罚和监管,从业人员又将面临什么样的风险,需要什么样的保护;要是没有严格的准入筛选出高素质从业人员,高标准的执业准则也难落实;要是没有符合实际需求、面面俱到的执业准则,投诉和处罚就无从着手;要是没有高效的投诉机制和严厉的处罚机制,准入和执业准则标准再高,也形同虚设。

1.规定经纪人与客户的基本法律关系为代理

在美国、日本以及中国台湾和中国香港地区,经纪人与客户的关系都定义为代理,而非居间。以美国为例,经纪人与客户的代理法律关系体现在:第一,卖主可授权经纪人寻找买主;第二,买主可雇佣经纪人寻找物业;第三,经纪人可雇佣销售员寻找买主和物业。经纪人对客户而言是代理人,对销售员而言是委托人。作为代理人,卖方和买方经纪人对雇主有信托责任,包括为雇主争取最大利益、所有信息向雇主披露等。

从制度动因看,明确经纪人与客户的基本法律关系是代理而非居间,主要是为规避道德风险。由于买卖双方利益根本冲突——买方总希望以最低的价格买入,卖方总希望以最高的价格卖出——居间人很难公平代表买卖双方的利益,为此很容易引发道德风险。而在代理关系下,代理人必须尽心尽力为授权人争取利益,可以有效规避道德风险。

2.设立高标准的行业准入门槛

行业准入包括经纪人的市场准入和经纪机构的市场准入。从国际经验看,各国/地区对经纪人的准入比较严,基本包括申请条件、技能要求、禁止条件等。美国《房地产执照法》规定,经纪人必须经过"三重资格准入"方能执业。日本和中国台湾地区详细列举了不能获得准入的禁止条件。中国香港比较关注经纪人资质的"适当性",申请人必须经代理监管局认可"合适"才能通过审核,而合适的标准,主要以道德、诚信等为考量标准。

对经纪公司的准入,中国香港和美国相对简单,要求至少有一位发起人或董事持有有效的执照。在美国,只要审核确认执照真实,不需任何注册资本就准予登记。日本和中国台湾较为严格,采取"双保险",不仅需要牌照,还确立了保证金制度,确保申请的经纪公司具备一定的专业性和抗风险能力。

从制度动因看,各国/地区实行严格的经纪人准入门槛,建立进入该行业的最低专业门槛,确保有一个较高专业性的从业群体。从实际成效看,美国、日本由于从业门槛高、专业性强,房地产经纪成为一个受人尊重的职业,反过来推动了从业人员的道德自律。

3.制定高规格的经纪人执业准则

各国/地区针对经纪人的执业准则规范,以禁止规范为主,以允许规范为辅。如中国香港《操守守则》规定,应竭力保障和促进客户的利益,避免陷入任何利益冲突,不得直接或间接损害同行的名声,等等。日本注重对客户信息的保护,禁止泄露客户隐私。中国台湾强调对模范经纪人或卓越维护客户利益的行为进行奖励,设置"金仲奖"奖励表现突出、执业规范的经纪人,以此激励从业人员遵守道德诚信等执业规范。

美国对经纪人员的行为规定最为全面,《房地产执照法》非常详尽地制定了从业人员的执业行为准则。比如,经纪人与产权保险公司利益相关时,经纪人不得要求雇主从该保险公司获取产权保险;未经双方同意,在同一交易中不得同时代表买卖双方;经纪人被州房地产委员会聘用期间,其执照要被冻结;对其他经纪人的独家代理,在未到期之前,不得恶意诱导屋主更换经纪人,等等。而且,各州的《房地产执照法》每年都会修订,根据新问题、新需求,剔除过时规范,增加新的执业规范。

从制度动因看,美国以 MLS 为基石的信息共享制度有效地解决了信息不对称和搭便车行为,但无法规避代理人的道德风险,翔实设定从业人员的执业规范,是为提升从业人员的职业素养,克服代理人的潜在道德风险。从实际成效看,为避免受罚,美国经纪人会自觉遵守执业准则,在实际作业中将之内化为一种行为习惯,所以呈现出较高的职业化素养。

4.打造有威慑力的投诉和处罚机制

在监管和处罚机制上,各国/地区相差很大。中国香港地区及日本的监管和处罚基本掌握在政府手中。以中国香港为例,在《地产代理条例》授权下,政府设置投诉和巡查部门,专门出台投诉指引,具体规定客户怎么投诉及注意事项等,另外巡查制度也设置了一个调查小组来实施,发现违规行为,政府直接行使处罚权。中国台湾地区恰恰相反,奖惩更多由行业公会实施。

在美国,监管分政府监管和行业监管,政府和协会分工如下:政府监管由调查委员会执行,可在任何时候检查经纪人的业务记录,发现问题,及时报告主管部门讨论,然后做出是否处罚的决定,严重的会被起诉。行业监管由协会执行,主要依靠协会下的三个委员会:投诉委员会、职业标准委员会、仲裁委员会,来及时处理投诉。两者的区别是:政府可做出吊销牌照的处罚,协会可对会员罚款或劝其退会,无权吊销执业牌照。

美国对从业人员的违规行为处罚非常严厉(见图 6-1)。在经纪活动中出现不实陈述、欺诈、虚假广告、多头代理、虚假承诺而使客户权益受损的,将受到监管部门的惩罚,具体惩罚有罚款、暂停业务、暂停牌照、吊销执照、开除等,严重的会被起诉。从实际成效看,美国的投诉和处罚机制对经纪人具有巨大的威慑力,假使违规,很难逃脱严厉处罚。

5.设立妥当的经纪人执业保护机制

经纪人在执业过程中,存在因买卖双方诚信、自我工作疏忽等原因引起赔偿诉讼的潜在威胁,为了帮助从业者规避或尽量减少此类威胁带来的损失,一些国家和地区为从业者设立了妥善的保护机制。如中国台湾地区和日本,设置了保证金制度,对侵害客户利益而引发的赔偿基本通过保证金赔付。中国香港地

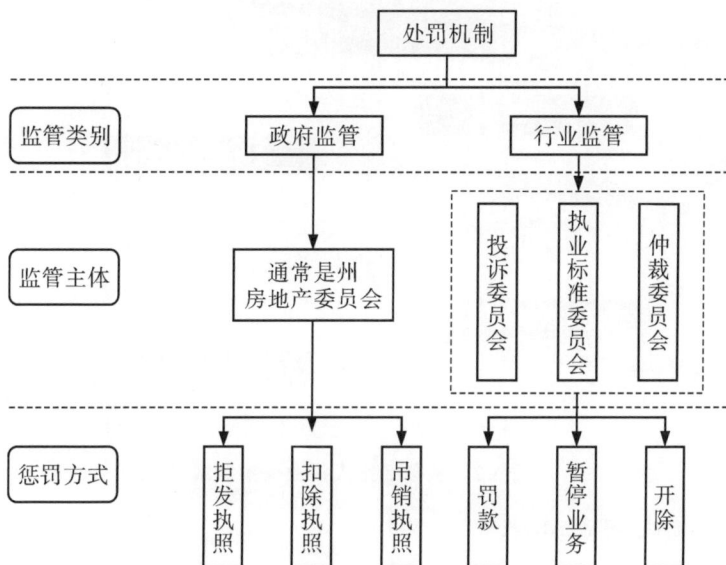

图 6-1　美国经纪人投诉和处罚机制

资料来源：链家研究院整理。

区并未建立保护制度，较多依赖职业保险。

美国为从业者设置了一套完善的保护机制，具体包括：个人信用保障制度、产权保险制度、房屋质量专业鉴定、经纪人过失保险制度、行业协会提供合同示范文本、经纪人不得提供法律服务等等（见图 6-2）。

从制度动因看，个人信用保障制度、产权保险制度、房屋质量专业鉴定主要为克服信息不对称，帮助经纪人规避潜在的责任风险；经纪人过失保险制度、行业协会提供合同示范文本、经纪人不得提供法律服务等规定，可以减少经纪人无心过失或不

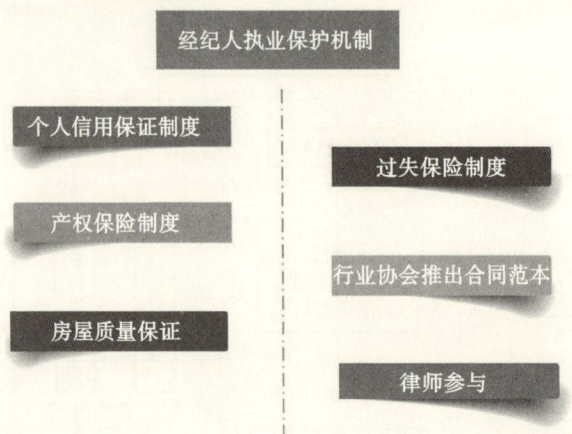

图 6-2　美国经纪人执业保护机制

资料来源：NAR，链家研究院整理。

专业引致的责任风险。从实际成效看，完善的执业保护制度，为经纪人创造了一个安全的从业环境。

(三)中国：缺上位法，规范待完善，监督、执行、处罚不力

二手房主导时代加速来临，但中国针对房地产经纪的法律法规还不完善，针对经纪人违规行为的监督、执行、处罚也相当疲软。

1.没有高效力的上位法

中国尚缺一部十分关键的、专门的《房地产经纪法》，来规范行业发展，成为行业乱象频频的最根本原因。

尽管中国已出台《城市房地产管理法》《城市房地产中介服务管理规定》《房地产经纪人执业资格制度暂行规定》《房地产经纪人执业资格考试实施办法》《房地产经纪人管理办法》等法律法规,但由于没有专门上位法的统领,行业法律规范陷入三重困境:其一,各部门、地方政府制定的不同规章制度多有冲突,不少规范形同虚设;其二,大部分规范与实际严重脱节,导致监管和执法要么放任自流、要么随意干预;其三,好的制度规范也因为缺乏有效的执行、监管和处罚机制而未能发挥作用。

2.现有法律法规有待改进

就已有的制度规范看,不完善、不合时宜之处也很多:

从经纪人与客户的基本法律关系看,中国仍采取居间制度,致使信息不对称、搭便车、道德风险等行业固有顽疾难以根除。

从准入制度看,中国对从业人员没有严格的资质审查、资格考试、执照注册准入机制;对经纪公司的准入,仅需满足一般公司成立条件即可,门槛很低。

从经纪人执业准则看,中国也有相关规定,但细节和专业性不够,具体指向含糊,很多内容不合时宜,与实际严重脱节。不像美国,执业准则可具体到"在代理期限未到期之前,不得恶意诱导屋主更换经纪人",中国只能粗略地规定"不得采用诸如引诱、欺诈、胁迫、恶意串通等不正当手段承揽房地产经纪业务"。究其原因,美国房地产经纪法律制度大框架清晰,派生出来的问题非常具体,因此执业规范可做到非常细致和有针对性;相比之下，中国经纪人行业的法律制度没有清晰的框架，导致执业规范很难细化，只能泛泛而谈。无实质性内容的执业准则无法有效规范从业者行为，对从业人员的职业道德约束也非常有限。

从投诉与惩罚机制看，中国《房地产经纪人管理办法》《房地产经纪人执业资格制度暂行规定》都有针对经纪人违反执业道德和行业规定的行为做出注销执业资格和罚款的规定，但缺乏像美国那样的协会投诉渠道，也没有专门的调查委员会和回顾检讨制度，中国针对经纪人违规行为的投诉和处罚实际上非常弱，基本起不到威慑作用。

从经纪人执业保护机制看，中国没有对经纪人的执业保护机制。现实中，对经纪人的执业保护主要由所在经纪公司完成，但通常情况下，一旦经纪人出现重大违规或失误，经纪公司往往直接对经纪人处罚，经纪人没有任何保障措施。

3.法律执行不到位

虽然相关法规对经纪人违法、违规、虚假信息、欺诈客户等行为都规定了详细的处罚措施，但从实际情况看，执行不到位的问题非常突出，其根源在于：第一，没有确定实施的主导机关和责任机关，处罚权分散在几个部门，导致多头管理，很多问题不能及时发现；第二，没有建立主动检查或巡查机制，投诉渠道也不健全，导致政府对违规行为的处理非常被动；第三，执行的广度和力度不够，比如针对一些门户网站、很多中小经纪公司的传播虚假信息、欺诈交易等行为，没有给予及时的调查和处罚。而且针对经纪公司和经纪人的处罚力度更小,这也是行业不规范行为屡禁不止、乱象丛生的一个重要原因。

二、行业自律

行业协会在经纪行业管理中发挥着不可替代的作用。从国际经验看,一方面,协会在政府授权下,上传下达,执行法律和规范,维护行业合法、合规运行;另一方面,更为重要的是,协会通过切实的自律管理,对经纪公司和经纪人形成较强的约束,并借助自身的监督和处罚权,促进行业发展有序、健康、规范化。中国行业自律的主要问题:没有专门的协会,现有协会职权不清,监督处罚机制缺失,财力有限,自律的深度和广度都不够。

(一)作用:行业自律可纠正市场失灵与政府失误

行业自律是指行业的自我规范和约束。行业自律必须建立在行业协会的基础之上,否则行业自律无从谈起。

新中介的崛起与房地产价值链的重构

　　行业自律是市场经济进化的必然产物。在市场经济条件下，行政干预这个"有形之手"虽能较大程度上弥补市场调节这个"无形之手"的缺陷，但由于信息不对称、行政资源不足等原因，行政干预经常力不从心。随着政府职能转型加快，很多政府管理职能和公共服务被推向社会和市场。在此背景下，行业协会逐渐浮出水面，成为纠正市场失灵与政府失误的另一大调节方式。

　　相较市场调节和行政干预，行业协会在微观经济管理方面具有一些先天优势：第一，行业协会掌握着全面翔实的行业信息，能减少信息不对称引发的决策失误。第二，行业协会制定的规范基于实际需求且通过会员平等协商确定，因此能得到会员的认可和自觉遵守。但要指出，在市场调节、国家干预与行业自律之间并不存在天然的边界，"行业自律"要起作用，必须以国家法律、法规明确划定其与行政干预的边界为前提。

　　就房地产经纪行业而言，行业协会一般有以下作用：其一，促进行业交流、协调、沟通。协会是政府与企业有效沟通的桥梁，政府的要求、指导意见可通过协会下达给企业、经纪人，企业、经纪人对于现有政策、法规的建议和自身诉求也可通过协会上传政府。其二，制定行业标准和规范。比如，行业诚信道德准则、信息披露标准、数据统计和报告发布标准，等等。其三，协调会员之间、会员与非会员之间的纠纷，并在职权范围之内，给予违规机构和人员以惩戒。

(二)国际经验:协会职能根据行业需求不断完善

协会的诞生和成长是市场不断演化的产物,但各国和地区行业协会的产生方式、职能导向和组织架构很不一样。

1.诞生和成长动因:行业规模和专业化的提升是根本动力

从行业协会的诞生和成长动因看,主要是随着市场规模扩大和专业性加深,为了解决行业发展中遇到的诸多问题及提升行业专业化的需求而产生,但产生的方式各有不同:

美国的行业协会由经纪人"自下而上"自发组织形成,协会的成长和职能完善大部分基于 MLS 系统的发展需求。协会自发产生的条件主要有两个:第一,市场成交规模不断扩张,大量经纪人进入这个行业;第二,交易复杂性不断上升,催生出越来越多的专业经纪公司。基于业务交流、解决纠纷、信息共享等需要,这些公司开始经常性地非正式会面,这就是早期行业协会的雏形。在此背景下,1847 年美国第一个同业组织在纽约诞生,1887 年第一个经纪协会在圣地亚哥成立。随着地区性经纪协会不断增加,就产生了怎么去管理这些协会的问题,因此更高级别的自律协会应运而生。1905 年美国第一个州级经纪人协会在加州成立,紧接着 1908 年,全美经纪人交换协会在芝加哥挂牌成立,并于 1972 年更名为全美经纪人协会(NAR)(见图 6-3)。

新中介的崛起与房地产价值链的重构

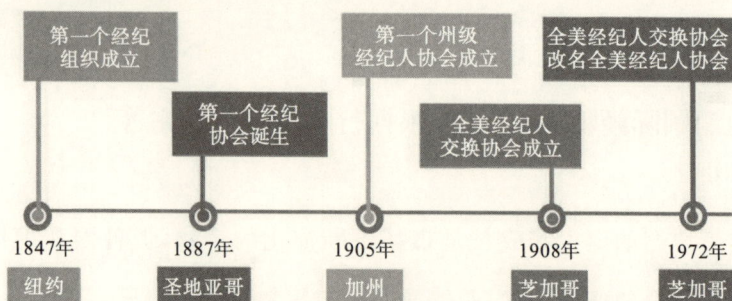

图 6-3　美国经纪行业协会(NAR)产生过程

资料来源:链家研究院整理。

中国台湾的行业协会主要由大型经纪公司联合成立。20世纪70年代末,中国台湾经纪行业因高收益而吸引了很多中小公司加入,不规范经营、恶性竞争现象十分严重。为规范行业发展,1981年8月,由12家大型房屋中介公司发起,成立了中国台湾不动产中介商业同业公会。

日本经纪行业协会根据1952年《宅建业法》创设,协会后期的健全及市场化主要在于围绕REINS的引进和管理。

2.组织架构和职责:形式各异,主要职责是制定规范、监管执行、教育培训

在美国,行业协会有三个层级,包括1个全美经纪人协会、50个州级经纪人协会、1 800个地区级经纪人协会,三级协会之间是贯通上下的网络性关系,不是领导和被领导的关系。其中全美经纪人协会是核心,其组织机构设置为:最高领导机构是董事会,董事会成员由州一级和地区一级的下属协会民主选举产

生,在董事会以下下设 14 个部门,36 个委员会及 9 个专业分会,
分别承担相应的工作(见图 6-4)。

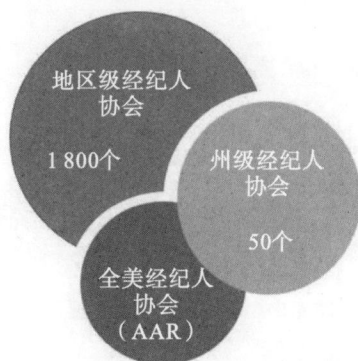

图 6-4 美国经纪人协会组织架构

资料来源:链家研究院整理。

美国行业协会主要有三个职能:第一,执行法律。对经纪公
司和经纪人进行管理和服务。包括管理 MLS 系统;检查行业诚
信准则的遵守情况;制定相关监管规章制度;提供针对经纪人的
服务,包括教育和信息服务、培训课程、专业评估、公关工作等。
第二,政治职能。负责协调经纪人的政府游说工作,影响政府决
策。第三,影响立法。根据大量一手资料,发现行业发展存在的
问题并及时提出解决方案,以及把行业实施有效的规则上升为
法律。见图 6-5 所示。

日本的行业协会主要有不动产流通经营协会(FRK)、宅地
建筑物交易协会(全宅)、全日本不动产协会(全日)三个协会及
其附属的下级地方协会。FRK 会员主要为大公司,全日和全宅

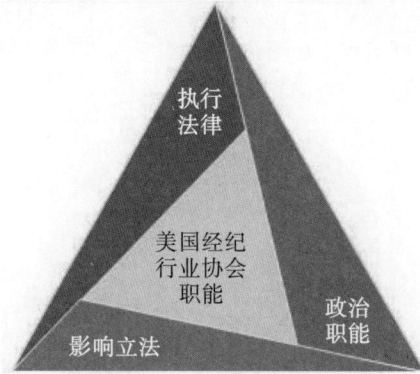

图 6-5　美国行业协会主要职能

资料来源：链家研究院整理。

会员主要为小公司。其中，全日成立最早，会员数最多，也最具代表性，从其组织结构来看，最高管理机构为理事会，理事会下设特别、表彰、法务税制、资格审查等 11 个委员会，负责相应的业务。日本行业协会主要起辅助管理的作用，因此其主要职能包括：作为 REINS 的支持机构①；会员间交流；国内外研究及信息收集出版；对从业者的指导讲习、民众知识普及；举办会议讲座；支援弱者等等。见图 6-6 所示。

中国台湾的行业协会主要由中国台湾不动产中介经纪商业同业公会及其下属的 20 个县市分会组成。协会的组织架构为：最高权力机构是会员代表大会，由会员代表大会选举理事会和监事会。主要的管理机构是理事会，其下设长期发展、法规、教

---

① 经纪人或经纪公司只有加入协会才能接入 REINS。

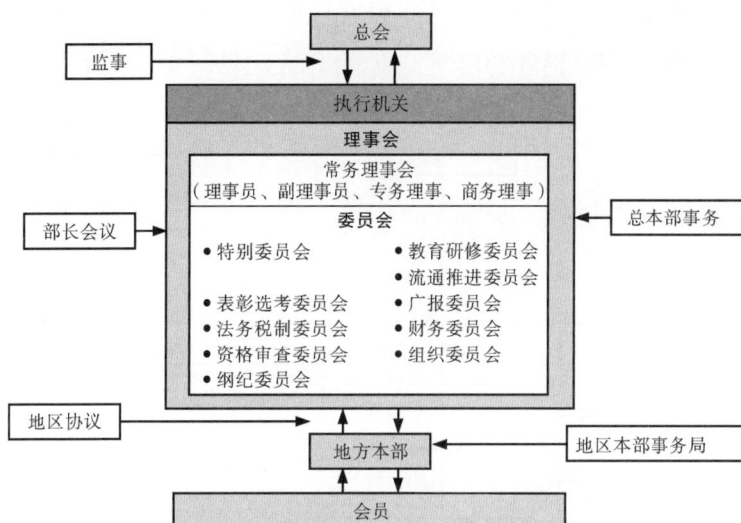

图 6-6　日本房地产经纪行业协会组织架构

资料来源：链家研究院整理。

育、国际、两岸、联谊公益、市场资讯等 7 个委员会处理各自领域的事务，而监事会负责监督。一般的行政事务由秘书长及其他秘书、干事、专员来完成。

中国台湾经纪行业公会在行业管理中起主导作用，职权很大，根据中国台湾不动产中介经纪公会章程规定的 16 大职能，概括起来主要有三方面：第一，"立法"和执法。中国台湾房地产经纪行业唯一"专法"《不动产经纪业管理条例》并不是由主管部门起草，而是由行业公会起草，法规的组织实施也由公会及其下属公会来进行。第二，监管和处罚。比如，对经纪公司保证金进行管理和监督；对违反法规的经纪人进行调查、处罚；制定经纪人执业规范等。第三,教育和培训。组织从业人员业务培训和执业考试;促进同业和国际交流、合作等。见图 6-7 所示。

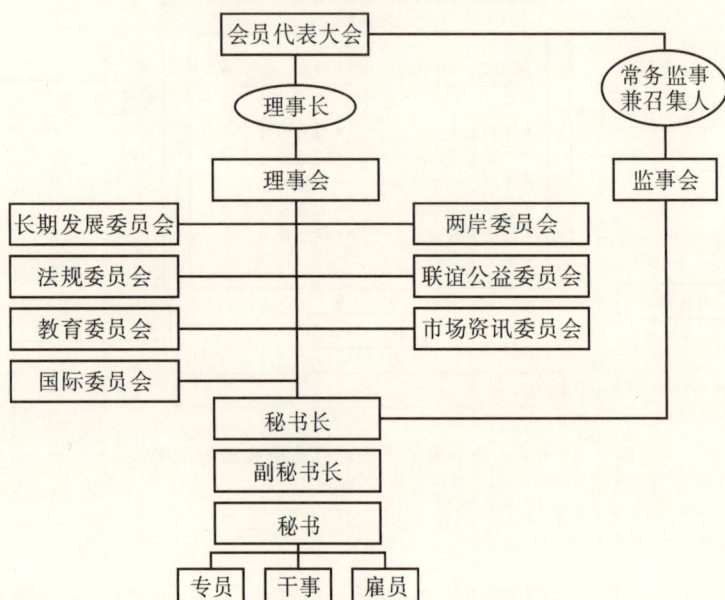

```
                    ┌─────────────────┐
                    │  会员代表大会   │───────────────┐
                    └────────┬────────┘               │
                             │                  ┌──────────────┐
                        ┌─────────┐             │  常务监事    │
                        │ 理事长  │             │  兼召集人    │
                        └────┬────┘             └──────┬───────┘
                             │                         │
                        ┌─────────┐               ┌─────────┐
          ┌─────────────│ 理事会  │────────┐      │ 监事会  │
          │             └─────────┘        │      └─────────┘
  ┌────────────────┐              ┌────────────────┐
  │  长期发展委员会 │              │   两岸委员会    │
  └────────────────┘              └────────────────┘
  ┌────────────────┐              ┌────────────────┐
  │   法规委员会    │              │ 联谊公益委员会 │
  └────────────────┘              └────────────────┘
  ┌────────────────┐              ┌────────────────┐
  │   教育委员会    │              │ 市场资讯委员会 │
  └────────────────┘              └────────────────┘
  ┌────────────────┐
  │   国际委员会    │
  └────────────────┘
                        ┌─────────┐
                        │ 秘书长  │
                        └─────────┘
                        ┌─────────┐
                        │副秘书长 │
                        └─────────┘
                        ┌─────────┐
                        │  秘书   │
                        └─────────┘
                 ┌──────┬──────┬──────┐
                 │ 专员 │ 干事 │ 雇员 │
                 └──────┴──────┴──────┘
```

图 6-7　中国台湾不动产中介经纪公会组织架构

资料来源:链家研究院整理。

(三)中国现状:无专门协会、管理和财权不独立、职权不清

目前,中国经纪行业的自律管理存在不少问题。

1.没有专门的协会

2015 年中国二手房市场成交规模接近 4 万亿元,未来交易量还会进一步放大。行业拥有几万家经纪公司、近百万经纪人，这么大的市场至今没有专职的行业自律协会。目前行业自律主要的职能定位是交流、教育、学习、研究等学术功能，监管和执行功能很弱。基于行业发展的需求和协会的职能现状，有必要改组重建一个专门的协会，专职于房地产经纪行业的自律管理。

2.管理不独立

根据发达国家和地区的通行做法，行业协会属于自律组织，在职能上是独立的，与政府没有统属关系。尽管中国房地产业协会也有相当的自律权限，但并不具备管理上的独立性，目前中国房地产行业协会基本接受政府的监管或指导，行业协会难以扮演独立的自律管理角色。

3.财权不独立

从国际经验来看，行业协会的收入是独立的，其主要收入来自会费，当然要为会员服务。而中国的房地产行业协会收入较少，主要来自政府资助和捐献，会费收入只占很少一部分，财权无法独立。由于经费困难，行业协会的很多职权受到限制，无法自主地发挥行业协会应有的管理作用。尤其在行业变革加速的当下，行业监管的压力变得越来越大，缺乏财力和人力支持的协会根本无法建立科学、高效的治理机制。

4.职权划分不清

更为关键的是，法律法规对政府和协会的职权界限划分不清，协会虽辅助政府管理行业，但没有得到明确的管理授权。虽然行业规章规定,协会对经纪人业务管理能制定规范,但协会怎么实施、如何实施,都没有规定。而且对行业自律非常关键的,针对经纪公司和经纪人的检查权、监督权、处罚权,目前全部由政府主管部门实行,使得协会的管理被严重弱化。

三、管理机制

高效的管理机制可以推动政府、协会各自的管理职能高效发挥,并推动彼此间的协作更加流畅。

(一)作用:高效的机制能充分发挥管理主体的效能

所谓管理机制,是指管理的组织架构和运作机制。

房地产经纪行业的管理机制分两个层面:第一,是政府、协会、企业各自的管理机制。以协会为例,其管理机制包括各级协会的组织架构和运行机制。比如,协会的分级及每一级的机构设置;各级协会是上下级领导关系,还是平行的网络关系;协会如何配合政府制定行业政策;协会如何处理顾客投诉等等。第二,是政府、协会、企业相互之间的管理机制。比如,政府与协会、协会与企业对接机构和机制的设置;政府对协会的职能授权,相应机构和监管、汇报机制的安排,等等。

行业管理机制之所以重要,是因为其明晰了政府、协会、企业各自的角色分工。管理机制的形成以法律约束和行业自律规范为依据,但法律约束和行业自律须依赖高效的管理机制才能发挥威力。如果法律约束是"骨骼"、行业自律是"肌肉"的话,那么管理机制好比指挥协调"骨骼"和"肌肉"的"神经系统",在健全的"神经系统"协调指挥下,"骨骼"和"肌肉"才能发挥力量。

(二)国际经验:"小政府、大协会"的管理效能最高

美国房地产经纪管理机制是典型的"小政府、大协会"格局,更易推动政府与协会通力协作、相互补位。中国台湾是典型的公会主导模式,政府采取有限的间接管理。日本和中国香港主要由政府主管,行业协会发挥作用很小。

1.美国模式:"小政府、大协会"

美国实行政府管理与行业自律并行的管理机制,各州政府设置房地产委员会或房地产局对经纪公司和经纪人进行管理,根据各州《房地产执照法》,主要负责执行房地产经纪法律制度,在法律的授权下,行使房地产经纪的资格准入、管理规章制定、

检查处罚、处理房地产交易客户的投诉、审查执业资格考试的内容等职责。见图6-8所示。

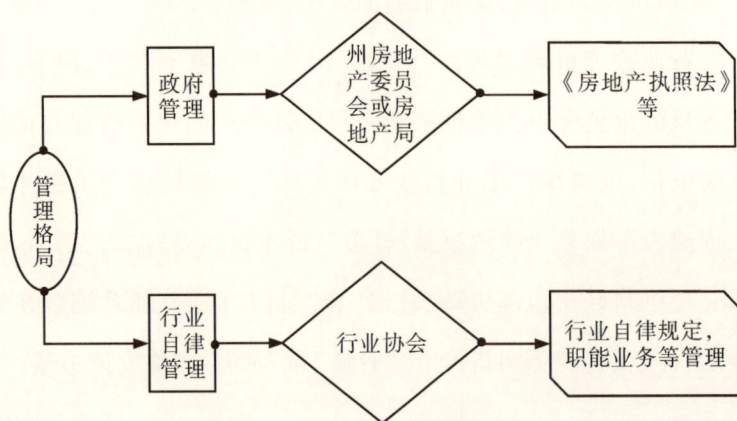

图 6-8　美国经纪行业管理格局

资料来源：NAR，链家研究院整理。

在实际管理中，行业协会发挥更为重要的作用，无论是管理房地产经纪的程度或力度都强于政府，而且在推动行业规范化、推动行业进步方面也发挥着更直接的推动作用，所以整体上是"小政府、大协会"格局。

2.日本模式："法律先行、政府主导、协会为辅"

在不动产经纪行业刚起步的1952年，日本就出台了行业唯一专法《宅建业法》，并在此后不断地完善和改进。政府机关在相关法律的指导和授权下对行业管理起主导作用，主要由国土交通省负责，具体事务包括三个方面：第一，实施法律，颁布政令，并进行监督；第二，信息的管理和监督，通过指定流通机构，管理房地产行业信息共享和分发系统 REINS，设置不动产公平竞争委员会对信息真实性进行监督；第三，牌照管理，由地方知事负责宅建士资格认定，那些不限定区域运营的不动产公司牌照则由国土交通大臣审核。行业协会的主要职能是作为政府管理的辅助，履行培训、教育、国际交流等职能。见图 6-9 所示。

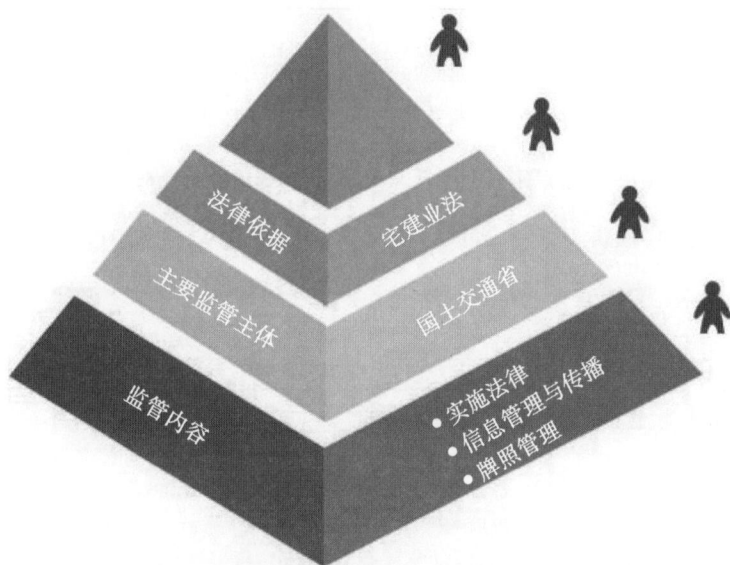

图 6-9　日本经纪行业管理格局

资料来源：链家研究院整理。

3.中国台湾模式："政府授权、协会主导"

政府对行业采取有限的间接管理，市场准入完全放开，公司设立也无特殊要求，对企业的经营活动也没有直接的监督和检查。行业管理的职能主要落在行业公会的身上，包括牌照管理、保证金管理等。在这种模式下，协会既要自律管理，又要帮助政府对行业进行直接监管。

4.中国香港模式："行政主管、协会弱小"

行业协会作用很小，主要在学术交流、教育培训、业绩评定等方面发挥影响。香港在 1997 年 11 月根据《地产代理条例》成立地产代理监管局，作为房地产经纪行业的法定管理机构。其成员由香港特别行政区行政长官委任，设有正、副主席各 1 名及不多于 18 名普通成员，所有监管局成员及行政部门员工均被视为公职人员。地产代理监管局以委员会的形式，对经纪行业准入、规约、投诉、教育、奖惩等主要方面进行管理。美国、日本、中国台湾、中国香港房地产经纪行业管理机制见表 6-1 所示。

表 6-1　美国、日本、中国台湾、中国香港房地产经纪行业管理机制

区域	管理格局	政府职能	协会职能
美国	"小政府、大协会"	政府主要管顶层法律制定，以及履行监督、处理投诉职能。其他具体工作由协会推动	政府游说、影响立法、制定行业准则和诚信准则、管理 MLS 系统、检查诚信准则的实施并进行处罚；发放经纪人执照；制定监管规章制度；提供服务，包括教育、信息、培训、评估，以及大量的公关工作等
日本	"政府主导、协会为辅"	制定法律、执行法律、监督控制 REINS、执照颁发、经纪人考试、不实信息处罚等等	保证金、研究、信息收集出版、指导讲习、知识普及、会议讲座、弱者受灾支援、会员间交流等

续表

区域	管理格局	政府职能	协会职能
中国台湾	"政府授权、协会主导"	通过法律间接监督,其他都通过协会来管	起草法律、行业规则、协定,管理保证金、主持考试、培训、交流、发放牌照,对执业行为进行奖惩等
中国香港	"政府主管、协会弱小"	法规、规约、执业准则制定、执行、考试、教育、执照、奖惩、审查、监督等等	交流、会议、培训等

资料来源:链家研究院整理。

(三)中国现状:管理机制不合理

从国际经验看,经纪行业的有序、规范运行往往依赖于政府行政管理和行业自律管理的有机结合。这当中最主要的就是要对政府和行业协会的职权界限做一个明确的规定。

面对如此庞大且日益复杂的市场,每天新问题、新矛盾层出不穷,主管部门确实面临一些挑战:一是人员编制有限,没有精力对行业做面面俱到的管理,对出现的问题也可能无法及时发现。二是着手处理的问题可能无法及时解决,因为新形势下,一个问题往往需要多方了解、各方协调,政府主管人员无法快速响应,导致违规或损害行业利益的行为得不到快速制止。

目前,中国负责行业自律的职能主要包括组织研究和交流;

拟订并推行执业标准、规则；协助行政主管部门组织实施执业资格考试；办理执业资格注册；开展业务培训、继续教育；建立经纪机构信用档案，开展资信评价；提供有关咨询和技术支持服务；开展国际交往活动；反映会员的意见、建议和要求，支持会员依法执业，维护会员合法权益等等。很多职能权限跟国际先进国家和地区的协会相似。但问题在于，很多关键职能如实施行业执业准则、建立诚信档案等对经纪公司和经纪人直接管理的规定，并没有法律保障。法律法规并没有赋予协会类似于国外的检查规范、监督诚信准则及对违规进行处罚的权限。

四、总结与建议

行业监管体系的法律约束、行业自律和管理机制三个方面各有各的独特作用，无法被取代，只有各司其职、互相补位、相互支撑，才能发挥巨大威力。

为此，我们提出以下几点政策建议：

（一）构建全面系统的行业法律法规体系

建立健全法律法规体系，修订形成行业上位法《房地产经纪管理法》。全面梳理《城市房地产中介服务管理规定》《房地产经纪人执业资格考试实施办法》《房地产经纪人管理办法》等房地产经纪相关的行政法规、规范，根据行业发展特点，并借鉴国外经验，查漏补缺，删除冗余和冲突的内容，形成行业管理的上位法《房地产经纪管理法》，并提请全国人大常委会审议。

新修订的《房地产经纪管理法》应包括以下方面：

内容上：重构"定代理、高准入、提素养、严处罚、妥保护"五大基本法律制度，确立对经纪行业管理的法律基石。全面梳理房地产经纪相关的行政法规、规范，借鉴国外经验，查漏补缺，删除冗余和冲突的内容，形成全面系统的统一制度规范体系。尤其是经纪人与客户基本关系界定、行业准入、经纪人执业准则、投诉和处罚机制、经纪人执业保护等五大基本法律制度的重构。在具体规定上，要结合国际经验和中国的实际，做到具体而细致，具有可操作性。

范围上：将法规内容覆盖到整个房地产经纪服务领域，包括参与到房地产交易的传统经纪机构、代理公司、互联网企业、第三方支付、银行、保险等各主体，按照交易环节建立覆盖全面的监管制度,尤其是,应当加强互联网等非传统中介机构从事房屋交易的监管。

管理上:必须改变多头管理、各行其是现状,理顺行业管理关系,实行一元化管理。目前中国法律并没有规定经纪行业的主管或者责任部门,还是处于多头管理、各管一头的混乱局面。从国际经验看,经纪行业法律法规的有效贯彻执行,还有赖于确立比较专一的管理主体,一方面,管理的效率大大提升,很多行业问题可以不经跨部门协调沟通就直接解决;另一方面,也可有效地评价、追责。只有这样,政府的行业管理才是有效的。

执行上:主管部门,如住建部,可建立投诉部门和纠纷处理部门,建立全国统一的投诉热线,及时发现行业不规范、违规问题。再根据问题性质交由下级部门或者行业协会或者经纪公司处理,属于自身管辖权限的,直接给予行政处罚。并且在实践过程中,不断调整、细化、修订,逐渐推动行业制度规范走向正轨。

(二)建立专门行业协会,逐步完善职能

从现有协会中,将经纪行业单列出来,改组重建只属于经纪行业的专门协会。可以借鉴美国和中国台湾地区的"人必归业,业必归会"制度,要求房地产经纪人必须加入经纪机构才能执

业,房地产经纪机构必须加入协会,接受行业协会的自律管理。在层级设置上,可根据行业需求、专业需求、发展需求、变革需求,合理确立行业协会的层级和职能划分,逐步形成全国、省、市(县)三级房地产经纪人协会体系;在组织职能上,可以借鉴国际先进经验,结合实际管理和业务需要,确定协会内部职能,通过专门的事务委员会处理专业方向的工作。

充实行业协会职能、职权。主要有三个方面:

第一,通过法律授予协会职权。由修订的《房地产经纪管理法》直接划分政府和协会在行业管理上的角色分工,使行业协会在行业管理上具备法律正当性、合法性、合理性。

第二,建立行业协会对经纪机构和经纪人员的约束机制。确立三个基本制度:一是对经纪公司的准入机制,提升行业入门门槛,使用严格的牌照管理或者保证金制度,去保障经纪公司的专业性、适当性、可靠性和承担责任的有效性;二是对经纪人资格考试,根据行业发展特点和专业实际需求,由行业协会确定考试内容,并报政府确认,上升为固定的考试制度,并由行业协会及其下属协会体系来完成;三是根据执业过程的关键节点把控,确立切实可行、细致、具有可规范性、可操作性、可监督性的执业行为规范。

第三,充分发挥行业协会自我监督、自我管理、自我规范的作用,赋予行业协会对不正当经纪行为的处罚权。通过法律授权行业协会去建立投诉、纠纷处置等机制,如对违规的经纪公司罚款、取消会员资格等，对经纪人违规取消准入资格、罚款、清除出行业、暂停执业等。这一点尤为重要，因为无论多么完善、有效的规范，如果没有严格的执行、有效的监督、及时有力的处罚，都将沦为一纸空文，进而对规范对象失去约束权威。

(三)推动形成"小政府、大协会"管理机制

中国房地产行业管理适合"小政府、大协会"模式，这是因为：一是从国际经验看，相比日本、中国香港，美国和中国台湾的"小政府、大协会"模式管理效能要高很多。二是从中国实际看，政府相关主管部门人少事多，也不专业，很难细致入微地管理数量庞大的从业机构和人员。三是在当前中央"简政放权"的大背景下，"小政府、大协会"模式符合行政体制改革的潮流趋势。

政府职能虽少，但不能缺位，应该做到"有所为，有所不为"："有所为"是应做好制度的顶层设计；"有所不为"是通过简政放权，赋予协会更大的职能，推动行业自我管理、自我服务和自我完善。

第七章

职业化的经纪人

• 职业化的基础含义是指运用专业化知识将资源转化为业绩的能力和素质。

• 中国经纪行业职业化程度低的根源在于无行业准入、无信息专有权保护、无合作机制、不科学的分佣机制及成交导向而非客户导向的激励机制。

• 美日等发达国家大多对从业人员实行"三重准入制度"和"五大关键环节管控"制度,通过严格的准入和全生命周期管控来提升经纪人的专业化素质,进而提升经纪人的职业化素养。

职业化的经纪人是经纪行业健康发展的核心支柱。随着存量房市场不断扩大，未来预计有数量超过百万的全职经纪人服务于中国 2.5 亿个城镇家庭和 150 万亿元房屋资产。今天比以往任何时候都对经纪人的职业化需求更加迫切。

对比来看，中国有必要借鉴国际主流市场的经验加快经纪人职业化进程，从制度上需要树立行为底线，建立健全经纪人行业的准入和禁入机制，更需要为经纪人提供良好的职业生涯学习体系，不断提高从业人员的专业水平和道德水平，树立经纪人自身和社会对经纪职业的价值认可，使得经纪人真正成为一个能够长期从业、终身从业、获得尊重的职业。

一、职业化的定义、内涵和必要性

职业化本质上是一种能力和素质。我们用专业资格、道德行为、形象气质、自我认可、行业认叫、社会认可六个维度来评价行业的职业化程度。

(一)职业化的定义和内涵

职业化是指运用专业化将资源转化为业绩的能力和素质。

从内涵来讲,职业化＝专业化＋价值认可。

"专业化"包含3个维度:

①专业资格。如资质审查、资格考试、执照、证书、许可、后续教育等。

②道德行为。如执业行为准则、诚信道德规范等。

③形象气质。形象包括经纪人外在的着装、发型、标识等,气质主要指经纪人的精神面貌和举止修养等。

"价值认可"也包含3个维度:

①自我认可。指经纪人对工作的认可度,可用工作成就感、荣誉感、自我实现感等指标衡量。

②行业认可。指经纪人对行业的认可度,可用行业归属感指标衡量。

③社会认可。指社会对行业和经纪人的认可度,可用社会对行业和经纪人的印象、口碑、尊重等指标衡量。

职业化内涵如图 7-1 所示。

图 7-1　职业化内涵

资料来源：链家研究院整理。

(二)职业化的必要性

缺乏职业化是房地产经纪行业种种乱象的根源之一，对客户利益、经纪人自身的职业发展和经纪公司的管理都造成了伤害。

1.职业化缺失伤害了顾客消费体验

消费者直接受害于低水平的经纪人队伍。无故遭受轮番电话骚扰、网络虚假房源漫天、被经纪人"话术"蒙蔽草率签约、受骗买到问题房屋等等，在买卖房屋的整个流程中都充斥着各式各样的痛点,加之缺乏对经纪人的监管,遭受损失的顾客投诉无门,问题难以获得合理解决,行业"黑中介"的形象在口口相传中不断被强化。消费者与经纪人之间难以建立真正的信任感,在整个买卖过程中不得不处处提防、小心翼翼,消费者体验极差。

2.职业化缺失不利于经纪人职业成就感形成

中国从事房地产经纪行业的主体群体始终是二十几岁的年轻人。行业留不住有经验的"老人",问题出在从业人员在不受社会尊重的大环境下,难以建立对行业的归属感,而不受社会尊重又根源于从业人员整体的低职业化素养。

长期以来,中国房地产经纪行业缺少必要的门槛限制,从业人员鱼龙混杂,行业充斥着业务不专业、逆道德选择等行为,发布虚假房源信息、虚假承诺、刻意欺瞒、私单飞单、暴力争抢房源客源等行为已成常态,参与交易的买卖双方苦不堪言,行业留给社会的整体印象就是"黑中介",从业人员难以得到社会尊重和认可,更难以吸引具备专业素质和修养的人才加入。

相比之下,在经纪人已高度职业化的美国,房地产经纪人可以与律师、牙医等传统意义上较为"体面"的职业相提并论,且受到社会广泛尊重,是美国房产经纪人能够将经纪行业作为终身事业的主要原因之一。

3.职业化缺失不利于公司和行业发展

一般而言,员工的工作价值＝个人能力×职业化的程度。对企业来讲,职业化能有效提高员工的工作价值。

职业化水平与公司的发展密切相关,这是因为,员工普遍较低的个人素质会导致管理和沟通成本增加,并且随着经纪人数量的增长而加速上升,成为制约公司持续发展的障碍。近年来,部分经纪公司已率先在内部进行改革,从提升遴选标准、职业培训、制度建设、树立企业文化等方面提升基层经纪人的职业化水平。事实证明,这为企业规模的扩大奠定了基础。放眼行业,整体职业化水平仍然较低,并不利于真正具备规模经济的中介企业诞生和发展。

只有不断提升房地产经纪行业的职业化水平,从业人员的知识、技能、观念、思维、态度、心理、道德操守达到较高水准,才能推动更安全、更高效的成交,创造令客户满意的优质体验。唯有如此,行业才能摘掉"黑中介"的帽子,最终走向规范和健康发展。

二、经纪人职业化的现状和问题

在现有的体制机制下,中国经纪行业很难自发达到美国、日本那样的高度职业化水平。

新中介的崛起与房地产价值链的重构

(一)中国的现状

相比美国,中国房地产经纪行业职业化程度低,主要表现在从业主体始终是二十几岁的年轻人,经纪人准入门槛低,工作经验难以积累,行业认可度低,社会的口碑评价差等方面。

1.教育程度低

从从业人员的学历看,美国经纪人的学历集中于大学和研究生,中国集中于大专、高中及中专学历(见图 7-2)。其中,学士及以上的占比,美国高达 61%,中国仅为 15.07%;硕士学历占比,美国高达 20%,中国仅为 0.07%。可见在美国,经纪人工作为高素质人才所认可;在中国,经纪行业很难吸引高素质人才。中国 10 年以上经纪人学历分布见图 7-3。

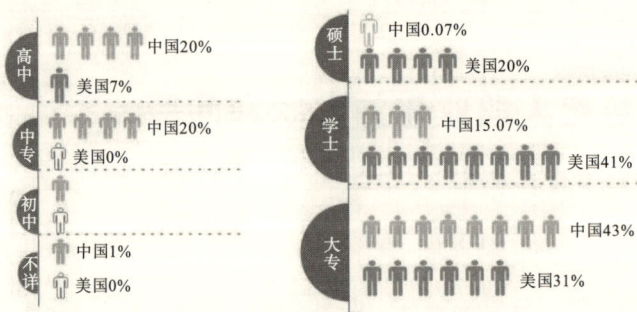

图 7-2　中美经纪人学历分布

资料来源:中国某经纪机构调研,NAR,链家研究院整理。

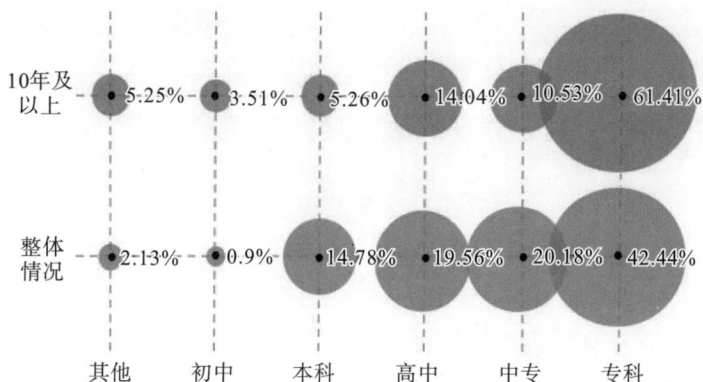

图 7-3　中国 10 年以上经纪人学历分布

资料来源：中国某经纪机构调研，链家研究院整理。

2.流失率高

从工作年限看，美国经纪人的工作年限集中于 14 年以上，占比高达 40.6％，其中有 4％以上的工作年限甚至达 40 年之久；在中国，67.67％经纪人工作年限集中于 30 岁以下，超过 12 年占比几乎为零。美国经纪人工作年限的中位数为 12 年，而中国不足 2 年。见图 7-4 所示。

可见，美国经纪人大多具有较丰富的工作经验。而中国的经纪行业无法留住有经验的"老人"。有两组数据直观地印证了这一点：一是中国新入职经纪人一年后留存率不足 30％；二是在中国工作 6～8 年的经纪人占比 6.61％，工作 8～10 年的经纪人占比仅为 3.22％，这说明即使工作 6 年以上，仍会有一半以上的经纪人会在未来几年离开该行业。见图 7-5。

新中介的崛起与房地产价值链的重构

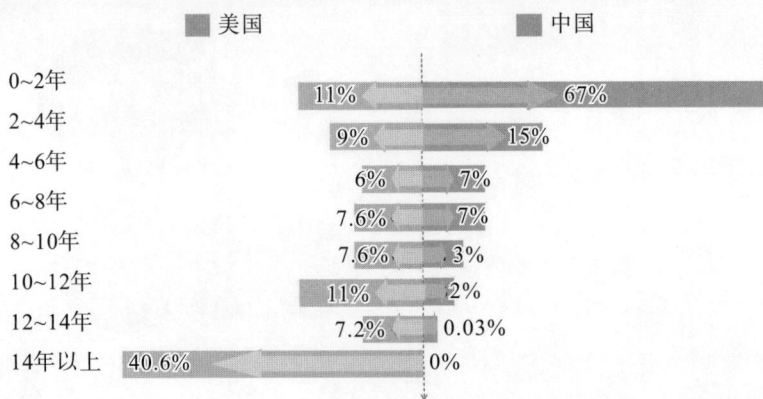

<table>
<tr><td></td><td align="center">■ 美国</td><td align="center">■ 中国</td></tr>
<tr><td>0~2年</td><td align="right">11%</td><td align="left">67%</td></tr>
<tr><td>2~4年</td><td align="right">9%</td><td align="left">15%</td></tr>
<tr><td>4~6年</td><td align="right">6%</td><td align="left">7%</td></tr>
<tr><td>6~8年</td><td align="right">7.6%</td><td align="left">7%</td></tr>
<tr><td>8~10年</td><td align="right">7.6%</td><td align="left">3%</td></tr>
<tr><td>10~12年</td><td align="right">11%</td><td align="left">2%</td></tr>
<tr><td>12~14年</td><td align="right">7.2%</td><td align="left">0.03%</td></tr>
<tr><td>14年以上</td><td align="right">40.6%</td><td align="left">0%</td></tr>
</table>

图 7-4　中美经纪人工作年限对比

资料来源：中国某经纪机构调研，NAR，链家研究院整理。

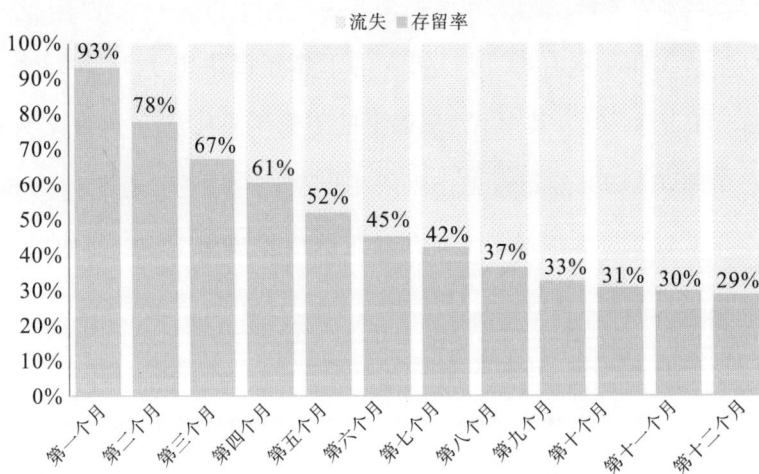

图 7-5　中国经纪人一年内留存情况

资料来源：某经纪机构调研，链家研究院整理。

调查还表明，美国经纪人的年龄中位数为 57 岁，60 岁以上占比最高,达 37.8%,其中 77% 的经纪人把现有工作当作一生的职业。在中国,经纪人的年龄中位数是 28 岁,30 岁以下占比最高,达 67.67%,43 岁以上经纪人占比不足 4%,极少有人将之看作一生的职业。见图 7-6。

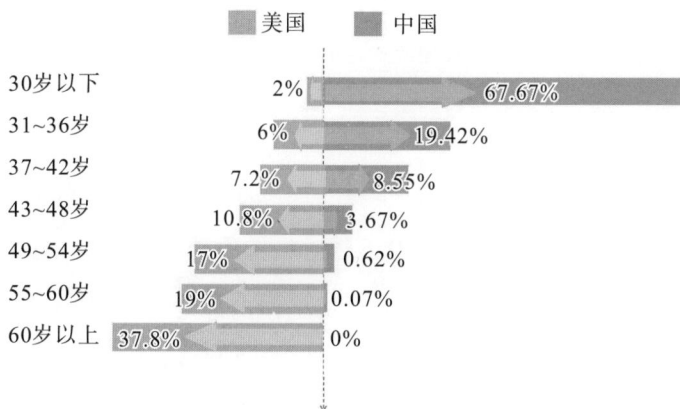

图 7-6　中美房地产经纪人年龄段分布

资料来源:中国某经纪机构调研,NAR,链家研究院整理。

3.行业认可度低

在美国,只有 5% 的经纪人表示房产经纪是第一份工作,绝大多数都是半路出家,中途才转到这个行业。大概 19% 的经纪人上一份工作是管理/商学/金融相关职业,6% 来自教育行业,3% 来自计算机/数学行业,2% 来自法律行业(见图 7-7)——显然,美国的房地产经纪职业被经纪人个人和社会整体高度认可,甚至相对于管理/商学/金融/法律/计算机等高门槛、高专业的行业也有一定的竞争力。

新中介的崛起与房地产价值链的重构

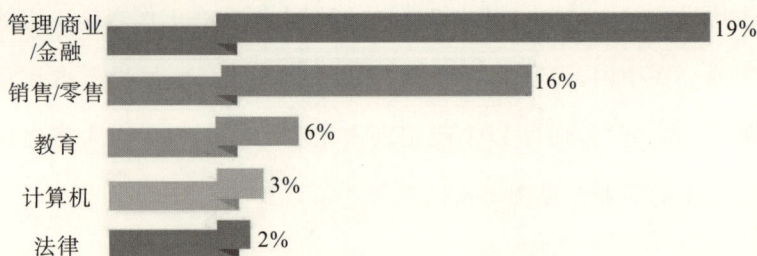

管理/商业/金融	19%
销售/零售	16%
教育	6%
计算机	3%
法律	2%

图 7-7　美国房产经纪人上一份全职工作

资料来源：NAR，链家研究院整理。

在中国，从事房地产经纪的大部分人都是第一份职业，而且不少是"迫于就业压力"不得不暂时将就的选择。那些中途转行到房地产经纪的从业人员，上一份工作也都是学历、技术门槛不高的行业。大量的经纪人在积累了一定经验和资本之后，就会选择"逃离"这个行业。这充分说明，在中国，经纪人和社会对房地产经纪的认可程度都不高——这成为行业发展最大的痛点！

4.工资增长很难通过经验积累获得

在美国，工作年限较长的经纪人，工资报酬也越高。这说明，在整个职业生涯中，美国经纪人都可以通过有效的工作经验积累，获取更高层次的工资水平。见图 7-8。

在中国，经纪人的工作年限集中分布于 0～2 年之间，而且超过一定年限（一般为 2 年）后，工资收入与工作年限的相关性并不高。可见，中国的房地产经纪行业是"吃青春饭"的行业，工作竞争力无法通过经验积累获得，很难通过经验积累获取更高的工资收入。

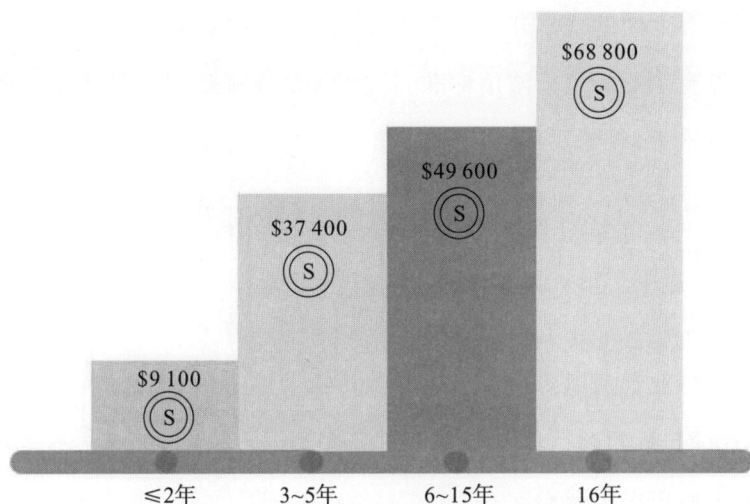

图 7-8　美国经纪人工作年限与收入中位数

资料来源：NAR，链家研究院整理。

(二)问题的根源

中国经纪人职业化水平之所以低，其根源在于：

1.行业准入制度真空

中国的《经纪人管理办法》(1995 年颁布)、《城市房地产中介服务管理规定》(1996 年颁布)都规定了房地产经纪从业人员必须经过考试、取得资格证书后，才能从事房地产经纪业务。

在执行中，一直以来中国房地产经纪行业的准入监管事实上处于真空状态，从事房地产经纪的个人对资质、考试、执照或许可等方面的要求并未严格执行,也没有切实可行的执业准则,更没有执业的道德诚信标准。这既无法保证经纪人具备基本的专业素质,也无法通过吊销执照等方式约束经纪人行为。究其根源,缺乏准入法规和有效的监督执行机制,造成行业事实上处于无门槛状态,成为一切乱象的根源之一。

2.信息专有权保护缺失

行业长期以来缺少对经纪人房源和客源信息的专有权利保护机制,激烈的行业竞争使得经纪人不得不采用不道德、不文明的手段谋求生存空间。

美国基于法律的独家委托制度以及 MLS 信息共享平台,实现了对经纪人生产房源信息的"知识产权"保护,经纪人有意愿将受到保护的房源信息分发曝光,因为无论房屋最终由谁卖出,卖方经纪人均能获得约定比例报酬,经纪人之间的合作体系由此得以建立。

反观中国,由于缺乏法律层面对房源信息的保护机制,为得到房源信息和防止房源信息被其他经纪公司和经纪人截取,迫使经纪人"藏盘"与"盗盘",虚假房源信息铺天盖地,严重制约了经纪人的职业化发展。

3.缺乏经纪人间合作机制

美国 MLS 确立的游戏规则使经纪人间趋向于合作,且合作带来的收益大于竞争。中国现行机制下,所有的成交都基于竞争,公司与公司之间没有合作,公司内部也往往缺乏合作分佣体系,只有最终促成成交的经纪人才能获利。行业缺乏有效的合作机制,难以出现专业化的分工和高效的团队协作,使得经纪人难以获得专业知识的积累和经验的增长。

4.缺乏科学的分佣机制

在相同的佣金率下,分佣机制在相当程度上决定着经纪人的工资收入及经纪人的价值取向,而工资收入的高低也直接影响着经纪人的职业化程度。工资越高,经纪人对工作的价值认可度越高,越能从工作中得到满足感和成就感,也越能吸引到更高素质的人,从而提升行业专业水平和道德水准。

在美国,经纪人与经纪公司的关系不是雇佣制,而是平等的合同制。经纪公司与经纪人按约定的比例分成佣金,经纪人分佣比例一般高达 $70\%\sim80\%$,有的经纪人甚至不用向公司分成佣金,只需提供固定的挂靠费和场地费。在中国,经纪人与经纪公司的关系是雇佣制,在相当长时期,经纪人的佣金分成率甚至不足美国的一半,经纪人的工资收入低且稳定性差。大幅提高经纪人的分佣比例并设计出基于合作和经验积累的分成机制有益于降低员工离职率,提高员工素质,这在企业的实践中也得到了验证。

5.成交导向而非客户导向

在美国,经纪人的佣金率是固定的,大部分州都规定经纪人不得向顾客提供回扣,从而限制价格竞争,迫使经纪人通过服务竞争来赢得客户。在中国,经纪行业佣金率低至 0.5% ,高至 3%

以上,差异较大,即便在同一家经纪公司,佣金率也可协商,经纪人个人也时常向客户做出返还部分佣金的承诺。公司间、经纪人间的竞争一直以价格为主要手段,既伤害到经纪人的收入水平,也损害了客户的服务体验,客户追逐更低的佣金率促使从业者道德逆向选择。当经纪行业长期陷入价格竞争的泥潭,很难从价格维度的成交导向向服务维度的客户导向进化。

三、经纪人职业化的国际经验

美国、日本、中国台湾、中国香港的经纪人职业化程度普遍较高。就"专业化"而言,各国和地区都通过一系列严格的准入机制和全生命周期管控机制来提升经纪人的"专业化"素养。专业化素养的提升自然带来了经纪人的"价值认可",就成熟市场看,经纪人的自我认可、行业认可及社会认可程度都较高。

(一)专业化的国际经验

专业化是职业化的基础。美国、日本、中国台湾、中国香港主要通过专业的课程学习,严格的考试制度、继续教育等一系列准入和过程管控来提升经纪人的专业化水平。

1.严格的准入和全生命周期管控

美国、日本、中国台湾、中国香港对经纪人的准入和管控大体相似,只是细节上有差异。

美国推动经纪人专业化的做法是从申请到执业实施"三重资格准入、五大关键环节管控"。

"三重资格准入"(见图 7-9)指:

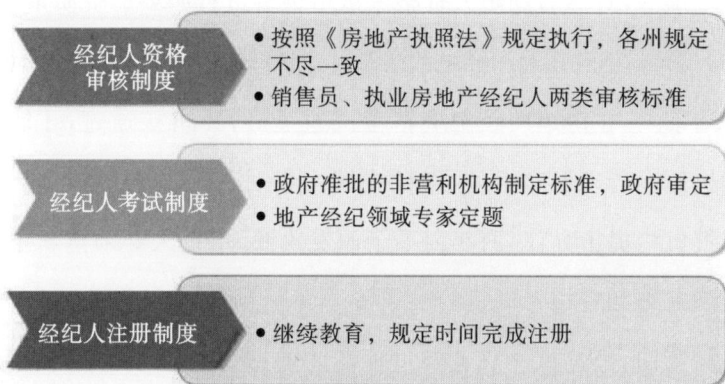

图 7-9　美国对房地产经纪从业人员实行三重准入机制

资料来源:NAR,链家研究院整理。

第一,不符合年龄、学历、诚信、经验和必要课程学习的申请者,不能通过房地产经纪执业资格考试。

第二,没有通过房地产经纪资格考试,不颁发房地产经纪执照。

第三,获得执照的从业人员,必须先与经纪机构签约,并参加

新中介的崛起与房地产价值链的重构

一段时间的实习工作,才能获得发照部门的注册许可,方可执业。

"五大关键环节管控"(见图 7-10)指:

图 7-10　五大关键管控环节

资料来源:链家研究院整理。

第一,对参与经纪人资格考试申请者进行必要的资质审查。

第二,精选房地产经纪考试课程,严格把控各课题的学习质量。

第三,在房地产经纪资格考试通过后,经审核通过,才能获得执照。若未及时申请,考试成绩一年后就会失效;申请时,若审批机构提出异议,两年内不予颁发执照,申请人必须重新申请资质审查和资格考试。

第四,经纪执照只有经过注册才有效,经纪人方可执业,且要定期更新。若到期未更新注册,执照自动失效不得执业。

第五,从业人员在后续的执业过程中须继续"充电",参加后续教育,若后续教育不合格,执照仍会被注销。

日本准入机制相对宽松,法律的主要限制在于"土地建筑交易士(简称宅建士)",要求每家门店至少有 20% 以上的人员需具备宅建士资格,对普通经纪人的资格审核由经纪公司自行把控。

中国香港和中国台湾对经纪人的准入管理与美国相仿,但在注册环节相对宽松,考试通过后经过备案即可获得经纪人执照。中国香港在资格准入上增加了对候选人财政稳健、心智健全、有无破产的基本考核要求。

具体来看,美国、日本、中国香港、中国台湾对经纪人的主要管控环节包括:

(1)第一关管控:资质审核

美国各州《房地产执照法》均对房地产经纪人的资质审核制度有规定。虽然各州规定不一,但差别不大,均规定房地产经纪人专业考试的资质要达到法定年龄、学历、无不良记录等。对经纪人道德审查尤为严格,凡是有过犯罪记录或者其他不良记录者,禁止参与后续考试等一切行为。基于房地产执照分层管理机制,对房地产经纪人的要求较销售员更为严格。

①销售员的资质要求

A.年龄在18周岁以上。

B.诚信可靠,无犯罪记录、不诚信行为。

C.必须完成规定的三门课程,除了"房产学原理"和"房地产实务"2门必修课,还要从"商业法"、"公共利益发展学"(Common Interest Developments)、"房地产计算机应用"、"第三方支付"(Escrow)、"通用会计学"、"房地产相关法"、"抵押贷款学"、"资产管理"、"房产估价"、"房地产经济学"、"房地产金融"、"房产行政管理"等12门选修课中选1门。

D.必须完成三个学期的学习或内容上至少完成 3/4。

②经纪人资格考试申请的资质要求

A.年龄在 18 周岁以上。

B.诚信可靠,无犯罪记录、不诚信行为。

C.经验要求:最近 5 年至少有 2 年全职的销售员工作经验;获大学及以上学位(若大学主修房地产专业,可免除 2 年全职销售员工作经验要求)。

D.申请者必须完成 8 门规定课程。其中 5 门必修课分别为"房地产法"、"房地产估价"、"房地产经济学"或"通用会计学"、"房地产金融学"、"房地产实务";3 门选修课在"房地产领域高级法律"、"高级房产估价"、"高级房产金融学"、"商业法"、"公共利益发展学"、"房地产计算机应用"、"第三方支付"(Escrow)、"抵押贷款学"、"资产管理"、"房产行政管理"、"房产学原理"等11 门选修课中选择。

E.必须学习 3 学期以上,学习机构必须为州房地产委员会高度认可的单位。

中国香港对营业员与经纪人的资格审核不做区分。注重对申请人的诚信道德考察,对经纪人最突出的要求是诚实守法。学历层面要求完成中学五年级或同等程度教育即可,没有课程学习要求。

日本资质审核不涉及道德内容,仅包括两点:凡具有高中以上学历、从事房地产经纪行业 2 年以上或完成实务课程的均能参与宅建士考试。

(2)第二关管控:资格考试

在美国,房地产经纪人资格考试是房地产经纪职业最重要的门槛。房地产经纪人和销售员均需通过资格考试,才能获得相应的执照。两者最大的区别是:经纪人可注册经纪公司,独立从事经纪业务,雇佣销售员,经纪人对销售员具有管理职责;销售员不能独立开展业务,只能充当协助经纪人的角色,没有签字权。经纪人在具体考试资格审核、考试内容、执照颁发等方面均较销售员严格。

具体考试流程和形式如下:

①申请人在资质审核通过后,可根据州房屋管理局官网公示选择考试时间、地点。各州考试周期和时间不同,加州执业经纪人考试每月举行2~3场,销售员考试每月10~15场。

②经纪人考试分上、下午两场,题型为200道多项选择题,上、下午场各100道,时长各2小时30分钟,正确率75%以上即为通过。销售员考试时长3小时15分钟,题型为150道多项选择题,正确率70%以上即为合格。经纪人的通过率通常只有20%。

③考试有机考和卷面考试两种形式。机考成绩在完成考试后即可获知,卷面考试成绩一般在考完5~7个工作日内由当地房地产管理局公布。

④若未通过考试,两年之内补交考试费,可无限次参加考

试;若两年内都无法通过考试,则前期申请作废,须重新申请。

日本的资格考试较美国更具专业性,也更难。宅建士的考试内容由国土交通省联合法务省、农林水产省、财务省、总务省及消费厅共同完成,通过率在 15％～18％之间,其中未参加课程的考生考试通过率仅 1％～2％。

中国香港经纪人资格考试分地产代理、营业员两类,参加地产代理资格考试的申请人没有工作年限要求,只要通过考试,经审核无误便可获取执照。通常地产代理资格考试的通过率在 20％左右,营业员资格考试通过率在 60％左右。中国台湾经纪人训练课程主要包括各项法律章程、不动产相关契约书、经纪实务内容,课程内容较为单一。

(3)第三关管控:获取执照

在美国,申请人通过资格考试后,一年内州房地产管理局会向申请人寄送执照申请书。执照申请人需在两年之内提交执照申请(内容涉及个人社保、交税 ID 等)、申请费用和指纹卡材料,经房产管理局审核通过,即可获取经纪人执照或销售员执照。

中国香港与美国类似。中国台湾较为简单,考试合格即可申领证书。为保证学习内容的时效性,日本要求宅建士考试通过一年内可申请获得宅建士的资格,超过一年则需要重新培训才可申请。宅建士资格每 5 年进行一次更新,每次都需要重新参加法定讲习课程的学习。

(4)第四关管控:执照注册

在美国,房地产经纪人并非领取执照就能执业,须先与经纪机构签约,并参加一段时间实习工作,经发照部门注册后方可执业。执业后还要定期进行续期注册,一般为 2~4 年注册一次,注册期间需要继续参加再教育,重新参加考试,无法通过后续考试及没有按期注册的房地产经纪人,政府将取消其执业资格。见图 7-11 所示。

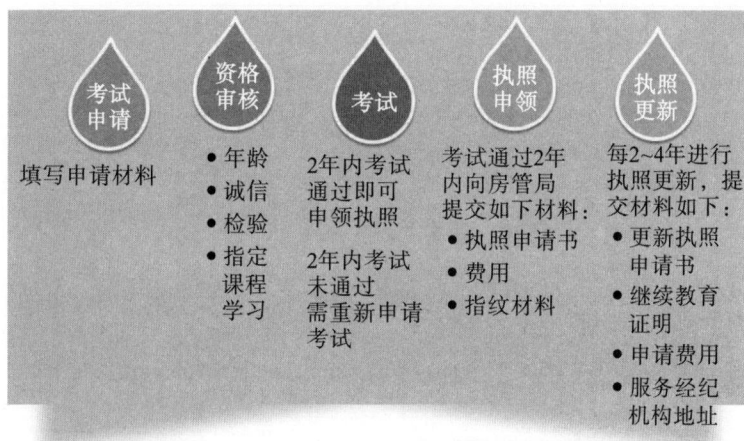

图 7-11　美国经纪人从资格审核到获取执照的流程

资料来源:NAR,链家研究院整理。

日本、中国台湾在准入管控环节均不涉及执照注册环节,中国香港注册制较美国简单,仅须按监管局要求提供相应的材料,审核完成即可完成注册。

(5)第五关管控:继续教育

继续教育机制是保证经纪人提升经纪人职业技能的重要手

段,也是督促经纪人不断学习的内驱动力。在美国,获得执照的经纪人必须每4年重新换发一次,并且要参加每年的继续教育,需要在既定时间内完成既定课程。有的州需要继续考试,但考试内容较初次考试简单。经纪行业准入管控环节国家和地区对比如表7-1所示。

表7-1　经纪行业准入管控环节国家和地区对比

	经纪人分类	主要资质要求	资格考试通过率	执照获取	换证时间	继续教育
美国	销售员、经纪人	学历、诚信、工作经验	20%左右	注册制	2~4年	√
中国台湾	营业员、经纪人	学历、工作经验			4年	√
中国香港	营业员、地产代理经纪人	学历、诚信	地产经纪人20%,营业员60%	注册制	4年	√
日本	普通经纪人、宅建士	学历、工作经验	15%~18%	——	5年	√
中国大陆	普通经纪人	——	——			

资料来源:链家研究院整理。

2.经纪人约束及惩罚机制

(1)惩罚机制

极高的准入门槛和全生命周期的严格管控(即"三重资格准入"与"五大关键环节管控")保证了经纪人的专业性、高标准的准入制度外,惩罚机制的威慑作用还是规避经纪人不当行为的最有力手段。美国对经纪人执业过程中的虚假承诺、虚假广告等欺诈行为,进行严格管控。美国经纪人行为受政府、行业双重监管,处罚手段通常包括拒发执照、扣留执照、吊销执照、罚款、暂停业务、开除等。如图 7-12 所示。

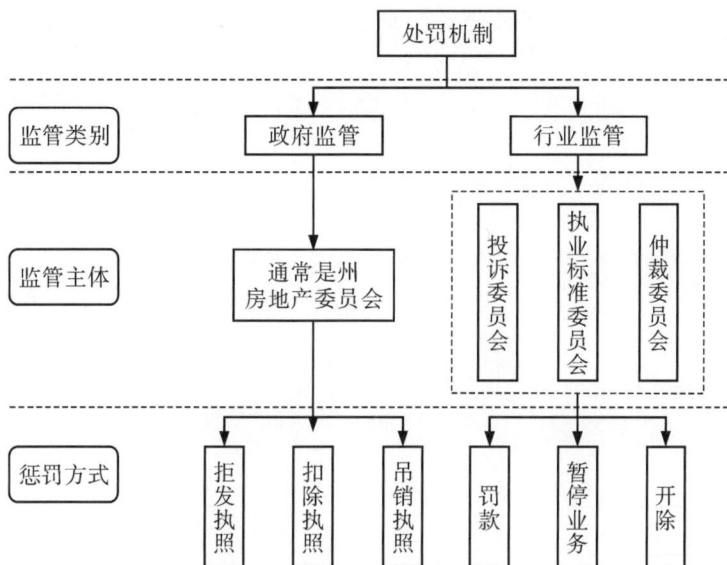

图 7-12 美国经纪人处罚管理图

资料来源:NAR,链家研究院整理。

(2)经纪公司对经纪人的约束

在美国,经纪机构与经纪人之间是独立的合同制关系,经纪公司对经纪人的约束相对较弱。经纪公司对经纪人的管理约束主要体现在法律责任层面。多数州的法律规定,经纪人执照须由经纪机构保管,经纪人执业活动由所属的经纪公司承担完全的法律责任。经纪人必须以经纪公司的名义来签订买卖、房源代理等合同,经纪人获取的佣金、承担的罚款均由经纪公司统一进行收取、赔付,而后再根据具体情况向经纪人支付应获佣金或

新中介的崛起与房地产价值链的重构

追偿经纪人赔付款项。

中国台湾的经纪人与经纪公司为合同制关系。中国香港、日本的经纪人与经纪公司为雇佣制关系,管理机制与中国大陆基本一致。见图 7-13 所示。

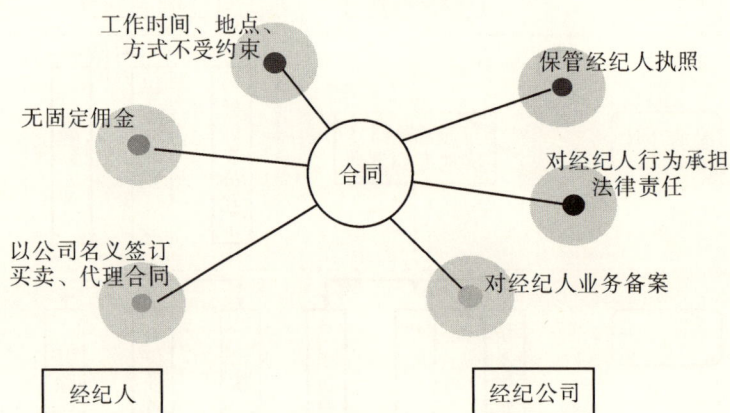

图 7-13　经纪公司与经纪人关系

资料来源:链家研究院整理。

(二)价值认可的国际经验

价值认可也能充分反映经纪人的职业化程度。以美国为例,经纪人对所从事的工作和行业高度认可,经纪人、经纪行业也同样受到社会高度认可。

1.自我认可

自我认可的最直接表现是经纪人愿意继续在行业工作,并且愿意把经纪人当作一生的职业。

根据美国经纪人协会的调查,77%的经纪人把经纪人作为一生的职业,84%的经纪人表示未来两年将继续留在房地产经纪行业,这充分说明美国经纪人对本职工作表现出高度的认同感和归属感。见图7-14所示。

84%	13%	3%
一定会	可能会	不确定

图7-14 "未来两年内,是否继续活跃于房地产行业"调查结果

资料来源:NAR,链家研究院整理。

2.行业认可

行业认可有两大直观表现:一是行业高素质人才占比较高;二是其他领域(尤其是高门槛、高收入领域)就职人员乐意加入到房地产经纪行业中来。

在美国,61%的经纪人具有学士及以上的学历,其中硕士学历高达20%。房地产经纪从业者绝大多数都是中途转行而来,其中19%的经纪人上一份工作是管理/商学/金融等相关职业,这充分说明房地产经纪行业具备充分的吸引力,也从侧面说明了从业人员对行业的认可度。

3.社会认可

在美国,客户对经纪人的满意度高达 70％以上,客户对经纪人的选择大多基于口碑评价。经纪人的交易大部分是重复和推介交易。根据美国经纪人协会的调查,2014 年在美国经纪人中,有重复交易的经纪人占比高达 80％,有推荐业务的经纪人占比为 86％。其中,24％的经纪人的 50％以上的业务来源于重复交易;20％的经纪人的 50％以上的业务来源于客户推介。这从侧面说明美国经纪人在社会上具有良好的口碑及印象,社会认可度较高。见图 7-15 所示。

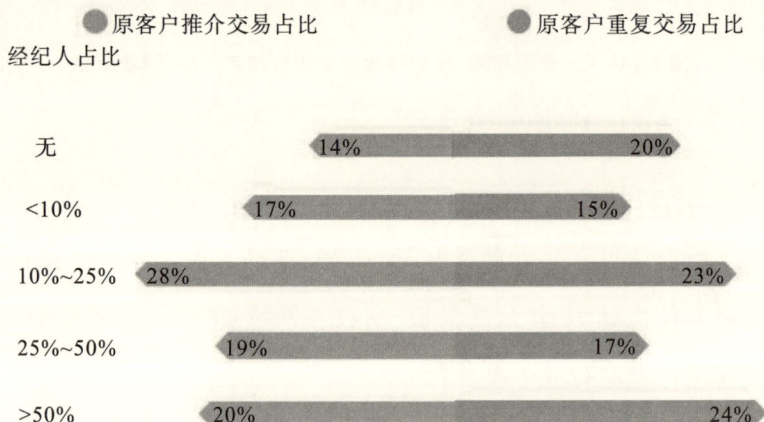

● 原客户推介交易占比　　　　　　● 原客户重复交易占比

经纪人占比

无	14%	20%
<10%	17%	15%
10%~25%	28%	23%
25%~50%	19%	17%
>50%	20%	24%

图 7-15　由过去消费者/客户转化的重复交易和推介交易占比

资料来源:NAR,链家研究院整理。

四、总结与建议

　　没有经纪人的职业化,就不可能有"白中介"的崛起,但经纪人的职业化难以一蹴而就,为此,我们建议:

(一)推行实名执业、建立资格档案、确立考试制度

　　1.推行实名执业制度,建立经纪人的诚信档案。中国房地产经纪从业人员接近百万,短期内所有从业者通过资格考试和获得执照才能执业并不现实。在全面推行资格考试和执照制度前,作为过渡期的替代方式,可首先全面推行实名执业制度,房源发布必须由经纪人实名认证,对生产假房源信息的经纪人进行严厉处罚。主管部门可设立经纪人档案,记录经纪人的基本信息、业绩情况、奖惩信息,明确要求经纪公司对在职经纪人的信息定期更新,上报主管部门备案。在此基础上,可建立完善经纪人诚信档案,向公众开放查询平台,让每一个经纪人在公众的监督下阳光执业。

2.制定经纪人资格审查制度,提供学习课程,为全面推广经纪人注册制打好基础。在从业资格上,应首先推行经纪人的资格审查制度,从年龄、学历、诚信记录、犯罪记录等个人背景上设定基本门槛,向通过资格审查的经纪人提供相关的学习课程,经纪公司应督促经纪人完成课程学习。由低到高设置不同级别的经纪人资格,如经纪人协理、经纪人等,对应不同的执业权限,在推广经纪人执照制度上可设定一个较长的时间区间。短期内要求通过资格审查的经纪人才能执业,鼓励经纪人积极参加执业考试,逐步扩大持证经纪人群体数量。

3.加快推行资格考试,精选课程,提升资格考试的含金量。加快确定资格考试是当务之急。考试的具体内容可借鉴美国,考虑到中国现阶段经纪人整体受教育水平较低的客观因素,初期课程设置可首选与经纪业务实践、法律法规等相结合的内容。例如:房地产相关法律、房屋估值检查、税收计算、交易流程等实用内容。

(二)推行执业考试,建立动态评价系统,强化职业道德,完善考核制度

1.全面推行经纪人执业资格考试。在经纪人资格审查完成的基础上,向社会广泛宣传经纪人考试的重要性,例如,可设置

5 年的过渡期,即 5 年内,尚未通过经纪人考试的从业人员仍可以从业,5 年后将只有通过考试(包括初级的经纪人协理考试或正式经纪人考试)并获得执照的经纪人方能从业,不断提高经纪人专业资格考试的参与度。

2.建立经纪人道德标准。建议从协会层面推出公允、可执行、可监督的经纪人职业道德标准,要求经纪人在法律以上的道德层面更加严格地规范自身行为,共同维护行业声誉。

3.建立经纪人网上动态评价体系。房产交易的低频特征,使经纪人树立个人声誉非常困难,而动态的评价体系有益于克服道德风险。在经纪人实名执业的基础上,可考虑在协会层面建立动态的公开评价平台,引导消费者对经纪人和经纪公司提供的服务进行评价,对评价良好的经纪人予以奖励,对评价较差或遭到投诉的经纪人予以警告处罚。

(三)全面推行执照制度,逐步推行全职业生涯学习

1.全面推行经纪人执照管理制度。在完成经纪人资格审查和执业考试制度的基础上,可考虑推行经纪人执照管理制度。与通过驾驶员考试和获得驾驶执照的逻辑类似,只有建立包含拒发、扣留、吊销、罚款、暂停业务、开除等手段的执照管理体系,才是经纪人资格管理的终极方式。建议在通过资格考试的经纪

人人数超过一定比例后,全面推行执照管理制度,细化规范,严格执行,建立起完善的经纪人底线管理体系。

2.加强职业技能培训,逐步建立经纪人全职业生涯学习制度。专业化知识是经纪人职业化的内驱力,提高经纪人专业化能力包括:第一,完善经纪人知识体系建设,在基础课程学习外拓展房产相关辅助学科,如房地产金融、抵押贷款学等,提升经纪人专业水平。第二,规范交易过程中的称呼、礼仪等,建立标准化的作业流程,不断提升经纪人的形象气质。第三,提供包括心理学、营销学在内的销售技巧学习方案,增强经纪人的沟通技巧。可在协会层面或在经纪公司层面定期开展交流、培训,促进经纪人知识体系与市场发展同步更新。

第八章

政策清单

• 短期树底线,树立市场准入、信息真实、资金安全三条底线,解决交易安全层面的突出问题。

• 中期立规范,着眼制度建设,建立覆盖多元主体的法律监管体系和行业从业者行为准则,重塑和完善交易流程,将经纪行业建设成为一个真正能为社会、消费者和从业者都带来价值的行业。

• 长期促转型,加快引入互联网和金融工具,提升和推动经纪人的职业化水平,使经纪行业向专业化、深度化迈进。

　　中国房地产经纪行业的发展已十年有余,行业发展面临的挑战和存在的问题仍然非常严峻。从行业监管的角度看,这些问题的根源在于行业运行的基础框架缺失,法律制度不完善,监管主体职责不清,监管覆盖范围不够,执行力度有限,经纪机构和经纪人行为缺乏基本的约束。加之,今天的经纪行业正在快速成长为一个融合金融、信息技术等多个领域的复合体,原有的监管体系更是难以覆盖和适应新的市场变化。因此,要实现行业的转型,建立经纪行业规范与发展的"六大支柱",关键是要健全市场监管主体,完善法律法规体系,建立覆盖多元主体的行业约束机制,规范经纪公司和经纪人行为与操作流程,不断提高从业人员的素质,持续动态地解决好经纪行业中出现的新问题。

　　从当前情况的轻重缓急和政策的可操作性考虑,可以实施"三步走"战略:短期树底线、中期立规范、长期促转型。

一、树立经纪行业运行基本底线

　　短期内,经纪行业需要立足底线层面,解决好广受诟病的经纪人素质低下、虚假房源信息及资金不安全三个突出问题,树立市场准入、真实信息和资金安全三条基本运行底线,保证交易安全顺利进行。

(一)分步推进经纪人执业准入制度,设立市场化行业进入底线

1.推行实名执业制度,建立经纪人的诚信档案。在全面推行资格考试和执照制度前,可以将经纪人实名执业制度作为过渡期的替代方式。经纪公司将在职经纪人的基本信息和奖惩信息等记录到经纪人实名档案,定期更新,并上报主管部门备案。在此基础上,主管部门可建立经纪人诚信档案,向公众开放查询平台,让每一个经纪人在公众的监督下阳光执业。

2.制定经纪人资格审查制度,为全面实行经纪人执照准入制度打好基础。由行业协会从经纪人学历、诚信记录、犯罪记录等方面设定基本门槛,对经纪人资格进行审查。短期内要求通过资格审查的经纪人才能执业,鼓励经纪人积极参加职业资格考试,逐步扩大持证经纪人群体规模。

3.加快确立职业资格考试,提供学习课程培训。加快确定经纪人职业资格考试方案。考虑到中国现阶段经纪人整体受教育水平较低的客观因素,初期课程设置可首选与经纪业务实践、法律法规等相结合的内容,如房地产相关法律、房屋估值检查、

税收计算、交易流程等实用内容。协会应向通过资格审查的经纪人提供相关的学习课程,经纪公司应督促经纪人完成课程学习。

(二)规范信息生产与发布流程,树立房源信息真实性底线

当前及今后一段时期,随着经纪行业主体多元化发展,一些互联网企业从事房源信息传播服务,一些线下中介也开始互联网化,由于这部分监管存在空白,其房源信息的真实性无法得到保证。因此,当务之急需要由住建、工信、工商等部门建立跨部门监管机制,针对信息提供主体,按照"谁发布,谁负责"的原则,建立覆盖多元市场主体的房源信息发布规范。

1.统一真房源的标准。建议由住建部和行业协会等主管部门明确规定真房源的标准,规定真房源必须符合"真实存在、真实委托、真实价格、真实图片"的要求。"真实存在"是指房源信息在物理上是真实存在的,如果标的房屋已售出或撤销,应当在24小时之内立即修改;"真实委托"是指业主出售该房屋的意愿是真实的,并且愿意委托该房产中介机构出售;"真实价格"是指房源对外发布的售价是业主的真实意思表示,如果业主调整售价,房产经纪机构应在业主调价后24小时内将对外发布的房源价格信息进行修改;"真实图片"是指房源对外发布时附带的照

片(包括房屋外观图、房屋室内实景图)均为实地、实景拍摄。各级房地产行政主管部门、行业协会、房地产经纪机构及提供信息发布服务的机构均应以住建部发布的定义和标准,对房源信息发布状况进行规范和检查。

2.全面强制推行房源书面委托制度。对于委托出售的房源,卖方应与房地产经纪机构形成书面委托关系,并对房屋基本状况、委托出售条件、委托出售价格、委托形式等进行记录。卖方拒绝提供资料、提供资料与实际不符的或拒绝在书面委托签字确认的,房地产经纪机构不得接受委托,并且不得为没有书面委托的房源提供信息发布服务。

3.全面推行《房屋状况说明书》制度。在执行《房地产经纪管理办法》第 22 条规定的基础上,进一步明确房地产经纪机构、房地产经纪人在房源信息披露中应使用《房屋状况说明书》,以书面形式披露房屋状况及交易关键信息。在对外发布房源信息、向消费者介绍房源时,经纪机构、经纪人应向消费者提供《房屋状况说明书》。为实现统一标准,建议由住建部、中国房地产估价师与房地产经纪人学会(中房学)编制全国和不同城市统一的《房屋状况说明书》模板供签约使用。

4.推行房源信息实名发布制度。房地产经纪人对外发布房源信息时,应采用实名发布形式,不得冒充他人名义发布房源信息。提供信息发布服务的互联网平台不得为未在房地产行政主管部门备案的房产经纪机构及非实名认证的经纪人提供服务,个人房源发布也需要在网站实名登记。

5.建立真房源保证金制度。房产经纪机构、提供房源信息发布服务的互联网平台应在行业协会缴纳真房源保证金,行业协会公开接受社会举报。凡经查实该机构所发布的房源信息不符合"真实存在、真实委托、真实图片"要求的,行业协会有权直接从该保证金中支取罚金,并对举报人进行奖励。提供房产信息发布服务的机构不得为未缴纳保证金的房产中介提供信息发布服务。

6.建立发布虚假房源黑名单制度。对于发布虚假房源数量较多的房地产经纪人应纳入"黑名单"。除对黑名单进行公示外,还应要求提供信息发布服务的平台在一定时间内不得为黑名单中的人员提供信息发布服务。信息发布服务的互联网平台必须加强对房源信息的真实性核查,建立虚假房源信息投诉曝光渠道。消费者也可在中国互联网违法和不良信息举报中心等信息管理部门举报,信息管理部门应对发布虚假信息的行为进行严肃查处。

(三)全面推广资金监管制度,建立交易安全底线

按照政府主导、协会指导、企业运作的模式,建立资金监管规范与标准,推动有资质的第三方支付公司等专业机构提供多

元化资金监管模式。

1.明确资金监管流程、规则和监管主体。由住建部、央行等部门联合建立规范的资金监管流程,明确资金监管的类型、办理资金监管的时点、办理资金解冻时的具体要求及买卖双方、经纪机构需要提供的材料清单。现阶段可保留四方监管、政府监管和第三方监管等多元方式,引导消费者选择合理的监管方式。

2.建立资金监管信息报送与核对校验机制。资金监管机构应以日为单位,按月以明细和统计的双重维度向主管部门报送本机构新增的资金监管业务及完成解冻的资金。建立基于IT系统的自动化核对校验机制,将资金监管机构报送的资金监管信息与政府主管部门记录的权属转移登记信息及经纪机构报送的交易信息进行交叉比对,确保每笔交易资金按照资金监管标准安全交割。

3.鼓励有资质的专业机构提供多元化资金监管模式。在目前多种监管方式并存的情况下,房地产管理机构的角色逐步由资金监管具体的参与者转向监管者,主要负责制度的设定和监督。鼓励有资质的银行、第三方支付等专业机构通过市场化方式进行资金监管,在保证交易安全的基础上不断提高监管效率和体验。

二、建立从业者行为和业务流程规范

在解决好业务层面突出问题的基础上，未来 3～5 年内，经纪行业的改革与发展应着眼于行业的制度层面和规范化建设，需要建立和完善覆盖多元市场主体的法律监管体系，规范从业人员行为，提高交易流程的效率和透明度。

（一）完善行业法律制度，建立覆盖多元主体的监管体系

1.修订《城市房地产管理法》。建议在充分征求相关部门及市场意见的基础上，对《城市房地产中介服务管理规定》《房地产经纪人执业资格制度暂行规定》《房地产经纪人执业资格考试实施办法》《房地产经纪人管理办法》等规定进行梳理整合，形成《房地产经纪管理法》，将其补充到《中华人民共和国城市房地产管理法》之中，使其成为统领房地产经纪行业的上位法。

新修订的《房地产经纪管理法》要将房地产经纪的基本法律

关系界定清楚,明确行业的准入机制,确立真房源发布制度,规定从业机构和人员的权利、义务、禁止行为和法律责任,创建投诉处理和执业人员保护机制,界定监管部门和经纪机构的职责范围。

新修订的《房地产经纪管理法》不应当只局限在传统经纪行业,应当将所有涉及房屋交易的各主体的行为纳入监管范畴,包括传统经纪机构、代理公司、互联网企业、第三方支付、银行、保险等机构涉及的行为,按照交易环节建立覆盖全面的监管制度。尤其应当对非传统中介机构(如互联网平台)从事房屋交易行为做补充规定,填补监管空白。

2.强化行业协会市场监管的主体作用。第一,按照"简政放权、放管结合"的思路,组建"中国房地产经纪人协会",作为独立社会组织,接受民政部的组织领导和住建部的业务指导,但不从属于行政部门,协会资金由会员单位负担为主。经纪行业协会的核心功能包括依法实行行业自律,提升行业专业度,推动合作竞争,提高从业人员的素质。第二,按照"人必归业,业必归会"原则,规定房地产经纪人必须加入经纪机构才能执业,房地产经纪机构必须加入协会,接受行业协会的自律管理。第三,赋予行业协会对行业监管的基本权力,如组织考试、资格审查、牌照发放、投诉仲裁、监督处罚等,使行业协会成为事实上的监管机构,对经纪机构和经纪人员形成硬性约束力。

(二)建立经纪人行为规范准则,提高经纪人整体素质

1.分阶段推行经纪人执业资格准入制度。在完善经纪人职业资格考试及资格审查基础上,分阶段实施经纪人执业资格准入制度,经纪人必须满足通过职业资格考试并获得执照后才可执业。可设置 5 年的过渡期:5 年内,未通过经纪人职业资格考试但通过资格审查的从业人员可以执业;5 年后将只有通过考试(包括初级的经纪人协理考试或正式经纪人考试)并获得执照的经纪人方能从业。

2.建立经纪人道德标准。行业协会设定公允、可执行、可监督的经纪人职业道德标准,要求经纪人在道德层面更加严格地规范自身行为,共同维护行业声誉。行业协会、经纪公司对违反经纪人道德标准的行为采取警告、约谈、取消执业资格等措施。

3.建立经纪人网上动态评价体系。房地产交易的低频特征,使经纪人树立个人声誉非常困难,动态的评价体系有益于克服道德风险。在经纪人实名执业的基础上,可考虑在协会层面建立动态的公开评价平台,引导消费者对经纪人和经纪公司提供的服务进行评价,对评价良好的经纪人予以奖励,对评价较差或遭到投诉的经纪人予以警告处罚。

(三)推行房屋产权核验制度,减少交易风险

1.建立强制性房屋产权核查制度。建议出台全国性产权核查规定,将产权核查纳入交易必备环节,以减少产权风险。各级房地产行政主管部门应加快房屋产权信息整理,推动全国房屋产权信息联网。完善房屋产权查询公共服务平台,提高查询反馈的及时性,缩短办理周期。房地产中介机构应在查询后以书面形式向客户提供产权调查报告。

2.建立网上信息查询服务平台。网上信息查询服务平台向备案的房地产经纪机构及持证房地产经纪人开放查询服务,允许机构通过网上服务平台查询房屋产权、产籍信息。房地产中介机构应在查询后,以书面形式向客户提供产权调查报告。

3.对交易中产权信息变化进行动态提示。对于网签后新增的房屋抵押、查封等信息,应在网上服务平台通过在线提醒、短信提醒等方式,建立面向房地产经纪机构和消费者的动态提示功能。

三、促进行业向专业化、深度化转型发展

在互联网和金融对经纪行业的融合催化下,未来经纪行业的价值将更多地体现在专业化和参与深度上。经纪行业应当主动使用互联网技术进行全流程改造优化,积极利用流通性金融促进交易制度创新,大力推进经纪人职业转型发展,推动经纪行业的繁荣发展。

(一)积极引入"互联网+"技术,提高交易智能化体验

1.建立基于大数据的消费者决策信息系统。为了让消费者更理性、更高效地参与交易决策,需要强化市场行情信息披露制度,提高市场信息透明度。除了必须公开委托合同及《房屋状况说明书》中的信息外,还要公开真实的销售动态供消费者决策,包括房屋静态的历史成交价格、房屋被带看的次数、卖方报价调整记录、同小区房源历史成交价格、同期在售房源的报价比较等信息,使得消费者能够通过公开信息判断市场状态和房屋的价

值范围,帮助消费者主动和理性决策。

2.大力推动交易流程"互联网＋"升级。鼓励有条件的专业机构利用互联网、移动互联网技术改造交易模式和交易流程,使买卖双方通过互联网简化和办理过户手续。让买卖双方可以自行上传交易流程办理过程中所需的文件,并通过信息确认等方式确认。消费者可以通过互联网、手机 APP、客服电话、短信等多种方式提供信息查询,并实现业务流与资金流的信息整合,减少消费者的时间成本,降低政府主管部门现场办公的窗口压力,实现服务可视、监管透明、交易高效和交易安全。

(二)积极探索流通性金融制度框架,促进交易制度创新

1.客观承认流通性金融在二手房交易中的"润滑剂"作用。二手房流通性金融在平滑交易流程、提高交易安全和效率方面有重要作用,对于此类平滑交易的短期资金周转类金融创新给予明确的区分和支持,构建良好的政策舆论环境。

2.鼓励流通性金融创新和探索。建议住建部、央行、银监会等部门针对二手房交易所产生的金融业务组织专项课题研究,组织相关经纪机构作为项目组成员参与研究。在研究项目落地的过程中,可以考虑选择参与研究的经纪机构作为试点与实验对象,对金融业务的操作细节和流程规范进行尝试探索。

3.逐步允许有资质的经纪机构提供二手房交易金融服务。在充分认识二手房流通性金融产品利弊及形成规范制度基础上,逐步允许有资质的经纪机构提供二手房交易金融服务。可以由经纪机构向住建部提出业务操作申请,由住建部会同相关部门对经纪机构资质进行审批备案。中介机构需定期向主管部门汇报,同时做好风险披露。

(三)提高经纪人长远发展素质,推进经纪人职业转型

长期来看,经纪人的价值将更多地在于提供更加细致的线下服务。

1.全面推行经纪人执照管理制度。在通过资格考试的经纪人人数达到一定比例后,全面推行执照管理制度,建立包含拒发、扣留、吊销、罚款、暂停业务、开除等在内的执照管理体系,建立起完善的经纪人管理体系。

2.加强职业技能培训,逐步建立经纪人全职业生涯学习制度。专业化知识是经纪人职业化的内驱力,提高经纪人专业化能力包括:第一,完善经纪人知识体系建设,在基础课程学习外拓展房地产相关辅助学科,例如房地产金融、抵押贷款学等,提升经纪人的专业度。第二,规范交易过程中的称呼、礼仪等,建立标准化的作业流程,不断提升经纪人的形象气质。第三,提供

新中介的崛起与房地产价值链的重构

　　包括心理学、营销学在内的销售技巧学习方案,增强经纪人的沟通技巧。可在协会层面或在经纪公司层面定期开展交流、培训,组织经纪人学习,促进经纪人的知识体系与市场发展同步。

致　谢

　　掩卷思量，在此谨向为本书的撰写提供真诚帮助的朋友、专家学者、同行们表达诚挚的感谢！

　　感谢中国台湾吉家网的李同荣先生，日本不动产研究所的曹云珍博士，链家研究院顾问项东博士及链家海外部的朋友们为我们在国际经验的研究方面提供的丰富、准确的资料和有益的建议。

　　感谢工作在行业一线的朋友为我们提供的无私帮助，包括美国 Coldwell Banker 的经纪人 Chris Wang，美国 FAF 产权保险公司的 Richard Chan，日本宅建士市野美由纪女士，链家等经纪公司的经纪人、过户专员和金融专员，理房通的宋靖宇博士、田海涛先生和许研女士等，他们对业务的深刻理解、对行业最直观和最真实的工作体会给予我们巨大的启发。

新中介的崛起与房地产价值链的重构

当然,考虑到房地产经纪行业领域的基础研究还十分薄弱,国际经验和国际最佳实践的研究也十分不足,但鉴于时间和能力所限,仍有不足之处,也难免有错误和遗漏,敬请谅解。我们也将在此基础上进一步深化,也期望更多的同行和其他领域的研究人员参与进来,一起推动有价值的研究,并以研究推动行业不断进步。